中外文**稀有版本**文献

《路易·波拿巴的雾月十八日》

拿破仑第三政变记

【德】卡尔·马克思 ◎ 著
陈仲涛 ◎ 译

《路易·波拿巴的雾月十八日》的出版与传播

(代序)

恩格斯在1885年《路易·波拿巴的雾月十八日》(简称《雾月十八日》)第三版序言中指出:"马克思立即写出一篇简练的讽刺作品,叙述了二月事变以来法国历史的全部进程的内在联系,揭示了12月2日的奇迹就是这种联系的自然和必然的结果,而他在这样做的时候对政变的主角除了给予其应得的蔑视以外,根本不需要采取别的态度。"① 尽管马克思直言《雾月十八日》是在形势的直接逼迫下写成的,但是"研究这部作品的写作过程,不仅可以窥探马克思的世界观的发展,而且可以瞥见他的创造性的实验"②。相比于维克多·雨果的《小拿破仑》、蒲鲁东的《从十二月二日政变看社会革命》,《雾月十八日》得到更为广泛的传播和影响。因而本文重点考察《雾月十八日》的写作过程及其出版遭遇、国内外传播及其深刻的影响。

一 《雾月十八日》的出版

在魏德迈到达纽约之后,1851年10月31日马克思致信建议他从事书籍出版事业,从《新莱茵报。民主派机关报》《新莱茵报。政治经

---

① 《马克思恩格斯文集》第2卷,北京:人民出版社2009年版,第468页。
② 〔苏〕纳·维·库德里亚绍娃:《马克思创作〈路易·波拿巴的雾月十八日〉曾依据什么资料》,载《马克思恩格斯研究》1989年第2辑,第286页。

评论》选出最精彩的文章作为单行本出版。魏德迈在给马克思的信中痛骂小商人心理，说这种心理在哪里也不像在新大陆表现得这样令人作呕的露骨。此外，他准备从1852年1月初开始出版一个政治周刊。1851年12月16日上午恩格斯收到魏德迈的信件，获悉魏德迈能够出版周刊并且要求自己在星期五晚上以前寄一篇文章给他。恩格斯认为："恰好在目前，那里正渴望看到对法国事件的评论和阐述，如果能够对局势作一个出色的阐述，那就能保证该刊从创刊号开始就获得成功。但困难也就在这里，而我又不得不像往常一样把重担压在你身上。……无论如何，在这方面你可以为他写一篇外交式的、有回旋余地的、划时代的文章。"① 1851年12月19日，马克思致信魏德迈："现在我正坐下为你写一篇文章。你的约稿信来得太迟了，所以我今天不能完成。星期二（12月23日）将从这里给你寄去：（1）卡·马克思的《路易·波拿巴的雾月十八日》……"② 魏德迈在回信中建议马克思为即将问世的政治周刊写一篇关于1851年政变的文章，就像马克思曾在他负责发行的《新莱茵报》上发表关于1848年革命的系列作品那样。

（一）马克思与恩格斯对法国局势的交流

在写作过程中，马克思不仅利用了英法两国的书刊和官方资料以及寄自巴黎的私人书信，特别是海涅的秘书莱因哈特从巴黎寄给马克思的若干信件。③ 莱因哈特阐述了巴黎各个阶层对于政变的不满和动荡情绪，论述了波拿巴政权的前景。"波拿巴在政变前和政变后毫无例外地搞坏了他和一切政党的关系以后，正从所推行的这种或那种笼络人心的措施（如扩大社会性工作，许诺对十二月二日的参加者实行大赦等）中寻求平衡。但是，只要他试图干点什么事以有利于某一个阶级，所有

---

① 《马克思恩格斯全集》第27卷，北京：人民出版社1972年版，第413页。
② 《马克思恩格斯全集》第27卷，北京：人民出版社1972年版，第617页。
③ 对于资料来源的较为详细论述，参见《〈路易·波拿巴的雾月十八日〉的写作和出版情况》，《马克思恩格斯研究》1992年第8期，第201—204页。

这一切就都成为不稳定的和无目的的了。"① 马克思在《雾月十八日》中直接引用了莱因哈特1852年2月15日信中基佐的名言"这是社会主义的完全而彻底的胜利!"和日拉丹夫人的话。莱因哈特在1851年7月到1852年10月这段时期写给马克思的信留下了7封,它们的主要内容是叙述和分析与1851年十二月二日政变有联系的法国政治事件。② 当然马克思认为莱因哈特是个怀疑论者,因为他不大看得起人民。莱因哈特在致马克思的信件中指出:"巴黎公众的情绪发生了显著的变化;如果说这种情绪还没有超出绝望的程度,那么这种绝望的确已经感觉出来了,而且具有更阴暗更普遍的性质。"③

很大程度上恩格斯对法国革命局势的判断塑造着马克思的革命思考,也反映出马克思恩格斯都以唯物史观审视法国革命的趋势与前景及其共同认识和理解。1846年9月,恩格斯曾经揭示过1830年后法国立法权的实质与历史命运。"在1830年革命后这个时期内,从来还没有出现过这样露骨的厚颜无耻和对社会舆论的蔑视。至少有3/5的议员是内阁的亲朋密友;换句话说,这些人不是大资本家、商人、巴黎交易所的铁路股票投机家、银行家和大工业家之流,就是他们的恭顺奴仆。现在的立法权比以前的任何立法权都更加体现出拉菲特在七月革命后第一天所说的话:'从今以后,统治法国的将是我们银行家了。'这是大金融贵族和haute bourgeoisie〔资产阶级巨头〕统治法国的最显著的证明。决定法国命运的不是土伊勒里宫,也不是贵族院,甚至也不是众议院,而是巴黎交易所。"④ 法国工人阶级为自己的生存而斗争,丢弃了对祖国的幻想。对于1848年六月革命,恩格斯乐观地指出:"'马赛曲'连同对于法国大革命的其他一切回忆一起消逝了。"⑤ 只有无产阶级是真

---

① 《马克思恩格斯全集》第28卷,北京:人民出版社1973年版,第498页。
② 〔苏〕纳·维·库德里亚绍娃:《马克思创作〈路易·波拿巴的雾月十八日〉曾依据什么资料》,载《马克思恩格斯研究》1989年第2辑,第292页。
③ 《马克思恩格斯全集》第28卷,北京:人民出版社1973年版,第496—497页。
④ 《马克思恩格斯全集》第4卷,北京:人民出版社1958年版,第30页。
⑤ 《马克思恩格斯全集》第5卷,北京:人民出版社1958年版,第137页。

正革命的阶级,然而流氓无产阶级则甘心于被人收买,干反动的勾当。恩格斯明确地指出流氓无产阶级的反动角色,成为工人受到残酷镇压的帮凶。"主要从巴黎流氓无产阶级中召募来的别动队,由于薪俸优厚,在短期内就成了每次都替当权者卖命的御用军。被组织起来的流氓无产阶级反对未组织起来的劳动无产阶级。果然不出所料,像那不勒斯的流浪汉供斐迪南驱使一样,巴黎的流氓无产阶级甘愿供资产阶级驱使。"①

资产者以前并不容忍乞丐、浪人、无赖、顽童和小偷为非作歹的行为,现在却宠爱这些流氓无产阶级,以便残酷地屠杀和镇压革命的巴黎工人。

恩格斯批评激进小资产阶级的软弱无力,无力采取革命的行动。"2月25日,当武装的无产阶级统治巴黎的时候,当可能得到一切的时候,不就是这些人只会说安慰人的漂亮话,而没有革命的行动,只会许诺和规劝,而不采取迅速和坚决的措施。"② 恩格斯认为,犹豫不决、幻想(自我牺牲)的陈词滥调、为了革命的模糊回忆而忘记革命的行动是整个激进小资产阶级的固有特征。"激进小资产者之所以带有社会主义情绪,只是因为他们清楚地看到自己即将灭亡,看到自己即将加入无产阶级的行列。他们不是作为小资产者、小量资本的所有者,而是作为未来的无产者在幻想劳动组织,幻想资本和劳动之间关系的变革。只要他们获得政权,他们很快就会忘掉劳动组织。因为政权,至少是在最初一些日子的陶醉中,会使他们看到有获得资本和从威胁他们的灭亡中得救的前景。只有当武装的无产者端着刺刀为他们作后盾的时候,他们才会想起自己昨天的同盟者。"③ 小资产阶级并不是革命的,而是保守的。"这里所谈的根本不是山岳党在宣言中极其郑重地宣布过的能拯救世界的某些琐屑措施。这里所谈的是社会革命,它将给法国人带来跟那些语无伦次的、已成为死板公式的词句完全不同的结果。这里所谈的是实现这一

---

① 《马克思恩格斯全集》第5卷,北京:人民出版社1958年版,第151页。
② 《马克思恩格斯全集》第6卷,北京:人民出版社1961年版,第663—664页。
③ 《马克思恩格斯全集》第6卷,北京:人民出版社1961年版,第665页。

革命所必需的毅力。问题在于小资产阶级既然已经一度表现了软弱无能以后，是否还能在它那里找到这种毅力。"① 小资产阶级只有不维护他们目前的利益，而是维护他们将来的来临时，才能站到无产阶级的立场上，才能体现出革命所需的毅力。

  1850年11月，恩格斯回到曼彻斯特，当时正在阅读法国和英国历史学家所写的执政时代和帝国的历史，特别是从军事角度去阅读。马克思与恩格斯对法国政局的变化与趋势保持着密切的交流，讨论着法国政治变化的前景，嘲笑着路易·波拿巴。恩格斯在1851年2月12日致信马克思中指出："路易·拿破仑真是个蠢材！为了一百八十万法郎，他把自己对'选举法'的疑问出卖给了立法议会，而把自己出卖给了蒙塔郎贝尔，最后钱也没有拿到手。这样一个冒险家的确成不了什么事业。如果他在四个星期内让狡猾的阴谋家牵着自己的鼻子走，那么第五个星期他必定让人家用最愚蠢的方式把他完成的一切破坏无遗。要么做凯撒，要么做克里希！"② 1851年5月份，马克思和恩格斯愈来愈感觉波拿巴执政的机会最大。恩格斯在分析波拿巴政变的后果时指出："路易·拿破仑的统治并没有结束阶级之间的战争。它只是暂时中止了时时标志着这个或那个阶级夺取或保住政权的企图的流血冲突。"③

  对于波拿巴政权的前景与原因，恩格斯认为，波拿巴的军事专制"在和平时期必然会引起新的军事政变并会促使在军队中出现国民议会的各个党派。没有任何出路，这个笑剧必然自行垮台。如果再出现商业危机，那就不堪设想了！"④ 无产阶级并不愿意为国民议会战斗，一直等到更加尖锐更加明确的冲突出现。"如果这一次无产阶级没有群起而战斗，那是因为他们完全意识到自己的懈怠和无力，并将以宿命论的驯顺态度屈从于共和国、帝国、复辟和新的革命这种一再的循环，直

---

  ① 《马克思恩格斯全集》第6卷，北京：人民出版社1961年版，第666页。
  ② 《马克思恩格斯全集》第27卷，北京：人民出版社1972年版，第208页。
  ③ 《马克思恩格斯全集》第11卷，北京：人民出版社1995年版，第266页。
  ④ 《马克思恩格斯全集》第27卷，北京：人民出版社1972年版，第408页。

到他们在比较安定的统治下经历了若干年的灾难而重新积聚起新的力量时为止。"①

恩格斯也强调暴力的重要性,也提及日拉丹的过分自信。"如果明年在法国爆发革命,神圣同盟至少要进到巴黎城下,这是毫无疑问的。我们的法国革命家虽然具有渊博的知识和罕见的精力,但甚至巴黎的堡垒和要塞围墙能否得到所需要的武器和粮食,也还是个大问题。而只要有两个堡垒,例如圣丹尼及其东邻最近的堡垒,被敌人夺去,那么巴黎和革命就会在新的事件爆发之前垮台。"② 恩格斯认为,日拉丹低估了波拿巴,但是国民议会的保守党很可能与体现行政权的波拿巴达成妥协,"虽然日拉丹也说,卡芬雅克现在是资产阶级群众的即秩序党的唯一真正的候选人,但是他自己却猛烈地攻击卡芬雅克和尚加尔涅,他的论战令人重新想起他同《国民报》作斗争的极盛时期。这个家伙正在法国进行广泛的鼓动,比整个山岳党人和红色分子一帮合起来所进行的鼓动还要广泛。波拿巴好像已不在话下了。不过,如果国民议会的保皇党多数派再度违反宪法,**以简单的多数决定修改宪法**,那么他们最终仍然会被迫——因为他们会丧失一切合法的支柱——同体现行政权的波拿巴达成妥协。在这种情况下,可能会弄到发生严重冲突的地步,因为卡芬雅克很难再度让人把到了他嘴边的东西夺去。"③

1851 年 12 月 3 日,恩格斯在致信马克思时认为十二月十日政变是可笑的模仿剧:"法国的历史已经进入了极其滑稽可笑的阶段。一个全世界最微不足道的人物,在和平时期,依靠心怀不满的士兵,根据到目前为止能作出的判断并没有遭到任何反抗,就演出了雾月十八日的可笑的模仿剧,还能有比这更有趣的事情吗!"④ 很显然,马克思的标题设置与对波拿巴的态度受到恩格斯的深刻影响,而且二人对此保持着相同

---

① 《马克思恩格斯全集》第 27 卷,北京:人民出版社 1972 年版,第 410 页。
② 《马克思恩格斯全集》第 27 卷,北京:人民出版社 1972 年版,第 250 页。
③ 《马克思恩格斯全集》第 27 卷,北京:人民出版社 1972 年版,第 282 页。
④ 《马克思恩格斯全集》第 27 卷,北京:人民出版社 1972 年版,第 401 页。

的看法。此外，恩格斯还比较了法国大革命时期拿破仑与波拿巴，强调波拿巴主义的专制色彩："现在甚至不再有什么国民议会可以破坏这个不被承认的英雄的伟大计划了；不会有了，至少在今天这头驴子像雾月十八日晚上的老拿破仑一样自由自在，一样无拘无束，一样绝对专制，他感到那样不受羁绊，以致不由得在各方面显出了驴子的本性。"① 恩格斯更进一步指出："就我们昨天所看到的而言，对人民是不能抱任何希望了，真好像是老黑格尔在坟墓里把历史当作世界精神来指导，并且真心诚意地使一切事件都出现两次，一次是作为伟大的悲剧出现，另一次是作为卑劣的笑剧出现。"② 马克思稍加改动和扩展，即将其运用到《雾月十八日》的首段，从总体上显示出马克思对波拿巴政变的认知和态度。恩格斯在12月10日和11日的两封信中揭示了巴黎工人没有大规模抵制这次政变的原因。③ "恩格斯在1852年1月、2月、3月写给马克思的许多信，或多或少的程度上都是对这次政变的分析评论。"④

大约1851年12月20日至1852年1月4日，恩格斯在伦敦期间与马克思当面讨论了法国政变问题。1852年2月至4月刊登在《寄语人民》上的恩格斯的《去年十二月法国无产者相对消极的真正原因》在内容上是与马克思的《雾月十八日》相衔接的。恩格斯也揭示了波拿巴政变成功的原因、本质及其固有的矛盾。⑤ 这组文章也表明马克思同恩格斯就《雾月十八日》中论述的问题诚挚地交换过看法。恩格斯的这组文章虽然扼要地集中论述工人阶级的策略，但实际上阐述的是《雾月十八日》的同一思想。⑥

---

① 《马克思恩格斯全集》第27卷，北京：人民出版社1972年版，第402页。
② 《马克思恩格斯全集》第27卷，北京：人民出版社1972年版，第403页。
③ 《马克思恩格斯全集》第27卷，北京：人民出版社1972年版，第408、410页。
④ 〔苏〕纳·维·库德里亚绍娃：《马克思创作〈路易·波拿巴的雾月十八日〉曾依据什么资料》，载《马克思恩格斯研究》1989年第2辑，第288页。
⑤ 《马克思恩格斯全集》第11卷，北京：人民出版社1995年版，第259—271页。
⑥ 《〈路易·波拿巴的雾月十八日〉的写作和出版情况》，载《马克思恩格斯研究》1992年第8期，第200页。

(二)《雾月十八日》的写作

波拿巴政变的悲喜剧困扰着马克思,以至于马克思并未立即回信恩格斯。马克思指出:"我被巴黎的这些悲喜剧事件弄得十分忙乱……我不能像维利希那样说:'真奇怪,巴黎方面竟什么也没有告诉我们!'我也不能像沙佩尔那样,老是拿着一杯啤酒在谢特奈尔酒馆里高谈阔论……所以他们决定等到事情'决定下来'以后再大踏步前进。"① 对于波拿巴政变的法国局势,马克思乐观地认为,"无论如何,我看改变是使局势好转了,而不是恶化了。波拿巴要比国民议会和它的将军们更容易对付。而国民议会的专政'已站在门外了'"。② 马克思明确地认为,波拿巴暂时取得了胜利,而且无产阶级保全了自己的力量。

当时马克思一家正处于生计艰难时期,而且马克思自己也饱受疾病的困扰,要做很大的努力才能工作。据燕妮回忆,马克思是在第恩街的一间小房里,在孩子们的吵闹声和家庭琐事搅扰下写完这本书的。她于3月转抄好手稿,并把它送出去。③ 马克思的女儿爱琳娜·马克思也曾经回忆:"事实上,就是他在索荷区第恩街写《雾月十八日》中的几章时,他也被三个孩子当做拉车的马,他们坐在他身后的椅子上,不停地用鞭子驱赶着他。"④

1852年1月1日,马克思致信魏德迈:"我现在才把文章寄给你,是因为工作不但受到当前急剧发展的事态的影响,而且在更大程度上还受到私事的干扰。从现在起开始正常了。"⑤ 然而正在1852年新年之际,由于恩格斯在伦敦挽留马克思狂饮了一顿,导致了燕妮对马克思的

---

① 《马克思恩格斯全集》第27卷,北京:人民出版社1972年版,第405页。
② 《马克思恩格斯全集》第27卷,北京:人民出版社1972年版,第406页。
③ 〔德〕燕妮·马克思:《动荡生活简记》,载中央编译局编译《回忆马克思》,北京:人民出版社2005年版,第61页。
④ 〔德〕爱琳娜·马克思:《卡尔·马克思》,载中央编译局编译《回忆马克思》,北京:人民出版社2005年版,第207页。
⑤ 《马克思恩格斯全集》第28卷,北京:人民出版社1973年版,第469页。

一些不满。由于重感冒,马克思病卧在床上,无法专心地撰写《雾月十八日》。1852年1月9日,燕妮告知魏德迈:"我的丈夫一周来病得很重,几乎一直躺在床上。"① 正是在这种艰难的情况下,马克思完成了《雾月十八日》第二章内容的写作。1852年1月16日,马克思致信魏德迈指出:"今天是我两个星期以来第一次下床。你可以看出,我的病是严重的,直到目前还没有痊愈。因此这星期我不能如愿把我论波拿巴的文章的第三篇寄给你。……我现在还非常虚弱,不能继续写了。"② 1852年1月19日,马克思开始下床了,20日又开始写东西了。

1852年1月23日,马克思再次向魏德迈表达了遗憾:"遗憾得很,我的病还不允许我在这个星期给你,也就是给你的报纸写点东西。我**好不容易**才给德纳弄成一篇文章,他已有六个多星期没有收到我任何东西了。多少年来还没有一件事,甚至最近的法国丑事也没有像这该死的痔疮那样打破我的生活常规。但是现在我感到就会好起来,一个月内不得不离开图书馆,曾使我非常苦恼。"③ 1852年1月24日,马克思致恩格斯的信件中指出:"你从这里走后,我给可怜的魏德迈自然只能寄去一篇文章。这次痔疮对我的折磨比法国革命还厉害。我要设法在下星期写出点东西。我的'臀部的'情况还不允许我去图书馆。"1月30日、2月13日,马克思分别将稿件的第三章、第四章寄给魏德迈,然而马克思自己一旦投入写作便一发不可收拾,越写越多。正在这时,经济困境干扰着马克思,使他无法继续写作。1852年2月20日,马克思致信魏德迈:"我这个星期不能寄任何东西给你,原因很简单,一个多星期以来,我陷入可恶的经济困境之中,以致我无法继续在图书馆从事研究,更不用说写文章了。"④ 3月5日,马克思寄出了第五章,3月25日终于把最后一部分原稿寄给了魏德迈。正是在3月25日致魏德迈的信件中,

---

① 《马克思恩格斯全集》第28卷,北京:人民出版社1973年版,第640页。
② 《马克思恩格斯全集》第28卷,北京:人民出版社1973年版,第473—474页。
③ 《马克思恩格斯全集》第28卷,北京:人民出版社1973年版,第475页。
④ 《马克思恩格斯全集》第28卷,北京:人民出版社1973年版,第492页。

马克思要求在第五篇的末尾加上如下的话:"然而波拿巴像阿革西拉乌斯回答国王亚奇斯那样回答了秩序党:'你把我看作蚂蚁,但是总有一天我会成为狮子的。'"① 然而魏德迈在3月30日的回信中告知,马克思的文稿没有出版的希望了。

(三)《雾月十八日》的出版

由于魏德迈缺乏资金,政治周刊的出版计划遭到了失败。② 事实上,马克思与恩格斯都担心任何妨碍出版的困难会发生。1852年1月1日,马克思在致魏德迈的信中提醒道:"如果你由于资金困难不得不把自己的事业推迟一个较长的时间——**希望不会发生这种情况**,——那就请你把文章交给德纳,以便他把文章译成英文供他的报纸刊用。不过我希望这没有必要。"③ 魏德迈"写道:'从秋天以来,失业现象在这里空前严重,以致每一个新企业都遭到巨大的困难。而且,近来工人们受到各式各样的盘剥。最初是金克尔,接着是科苏特,而大多数人都愚蠢到宁可送一块钱给敌视他们的宣传,而不愿出一分钱来捍卫资金的利益。美国的土壤对人们起着一种极大的腐蚀作用,而同时人们却开始以为,他们比旧大陆的人们高瞻远瞩得多哩。'但是魏德迈并没有绝望,他希望能够使他的周刊以月刊的形式复活"④。

获悉《革命》无法出版的消息,马克思曾经建议魏德迈分印张或分篇出版。1852年2月13日在马克思致信魏德迈的附言中,燕妮第一次提到马克思的建议:"我的丈夫认为,他的关于法国的一组文章(还有两篇要加进去),是最应时的东西,因此作为他在《评论》上发表的文章的续篇,也是最适于印小册子的材料。如果纽约某个出版商同德国

---

① 《马克思恩格斯全集》第28卷,北京:人民出版社1973年版,第511页。
② 对于《雾月十八日》在纽约出版的情况,参见《〈路易·波拿巴的雾月十八日〉的写作和出版情况》,载《马克思恩格斯研究》1992年第8期,第209—214页。
③ 《马克思恩格斯全集》第28卷,北京:人民出版社1973年版,第469—450页。
④ 〔德〕梅林:《马克思传》,樊集译,北京:人民出版社1985年版,第272—273页。

有联系，那么可以指望在德国有相当大的销路。这部著作与其说是为美国倒不如说是为欧洲而写的。"① 2月20日，马克思在附言中再次强调："如果你的报纸不能出版，那么你是否能把我的小册子分印张出版或者像我给你寄去的那样分篇出版？否则时间会拖得太长。"② 1852年2月27日，燕妮致信魏德迈时指出，马克思"请您马上把他的论拿破仑的文章的五篇寄回，如果您不能刊登的话。也许，我们能把它们译成法文出版，虽然放弃德文的确很可惜"。"我的丈夫认为，最好您能在美国出版这东西，因为它肯定能收回成本；并且最好还能在德国推销，因为它对当前最重大的事件作出了历史的评价。""为了不致拖延过久，您可以将每一篇单独刊登，因为这些东西非常引人注意。然后可以把所有这些并在一起。今天寄上第五篇，下星期五他将寄上第六篇——结尾部分。我再说一遍，**请您尽力将这部著作印成小册子**。如果办不到，请您把它寄回，——无论如何必须把它出版。"③

魏德迈在1852年4月9日的信件中提及："出版这本小册子所面临的困难，终于因得到意料之外的帮助而克服了。在我上一次的信发出以后，我遇到了我们法兰克福的一个工人，他是一个裁缝，今年夏天刚刚来到这儿。他把自己省下来的四十美元全部交给了我，供我使用。"④马克思在致阿道夫·克路斯的信件中谈及《雾月十八日》即将出版的欣喜之情，也非常满意："你那封令人感到《波拿巴》有出版希望的信（4月19日接到的），使我特别高兴，因为对于我的妻子的非常柔软的性格来说，这件事一定又会使她振奋起来……"⑤ 1852年5月，魏德迈以单行本形式将这部论著作为不定期刊物《革命》的第一期出版，却

---

① 《马克思恩格斯全集》第28卷，北京：人民出版社1973年版，第490页。
② 《马克思恩格斯全集》第28卷，北京：人民出版社1973年版，第495页。
③ 《马克思恩格斯全集》第28卷，北京：人民出版社1973年版，第643—644页。
④ 约瑟夫·魏德迈致马克思的信（1852年4月9日），参见梅林：《新近为卡·马克思和弗·恩格斯的传记而写的文章》，载《新时代》德文版第25卷，第二册，第103页；转引自海因里希·格姆科夫等：《马克思传》，侯廷镇等译，北京：人民出版社2000年版，第176页。
⑤ 《马克思恩格斯全集》第28卷，北京：人民出版社1973年版，第518页。

在扉页和自己写的前言中误将标题写成了《路易·拿破仑的雾月十八日》。① 恩格斯在评价《雾月十八日》的出版技术工作时指出:"很可惜铅字太小,开本太大,这给阅读增添很大困难,特别是在碰到歪曲意思的刊误的时候,当然,由于经费不足,要避免这种情况是不可能的。"②

二 《雾月十八日》的世界传播

1851年12月2日波拿巴政变是当时欧洲政治的重要事件,成为很多著作的主题。其中维克多·雨果的《小拿破仑》、蒲鲁东的《从十二月二日政变看社会革命》两部著作当时特别有名,而且给作者带来了丰厚的报酬,但是《雾月十八日》却并未如此幸运。然而时过境迁,它们的命运却发生了相反的变化。正如梅林所说的:"马克思的著作问世时,和那两个更幸运的姊妹相比就好像灰姑娘一样。但是那两部著作早已被遗忘的尘埃掩盖了,而马克思的著作却至今仍然放射着不朽的光辉。在这部闪烁着智慧和机智的著作中,马克思以前无古人的技巧,以历史唯物主义的观点透彻地分析了当代的事件。这部著作的形式和它的内容一样辉煌。"③

(一)"不合时宜"的遭遇与转折

相比于《法兰西阶级斗争》和《科隆共产党人案件》,《雾月十八日》现在得到更为广泛的传播。然而在马克思时代事情却截然相反。1852年5月25日前后,《雾月十八日》开始在美国销售。事与愿违,销路极差。然而伦敦同盟支部的成员以及马克思和恩格斯在英国和欧洲

---

① 吴学琴主编:《马克思主义著作选读》,合肥:安徽人民出版社2008年版,第270页。
② 《马克思恩格斯全集》第28卷,北京:人民出版社1973年版,第531页。
③ 〔德〕梅林:《马克思传》,樊集译,北京:人民出版社1985年版,第271页。

《路易·波拿巴的雾月十八日》的出版与传播（代序）

大陆上的为数众多的朋友和熟人都收到了《雾月十八日》。① 当时魏德迈印刷了1000份《雾月十八日》，将其中近三分之一都寄往欧洲；数百份输送到德国，但并没有在真正的书籍市场上出售过。1852年1月23日，恩格斯致信魏德迈中曾提到《革命》的发行问题，"五十本《革命》太多了，可能要付很大一笔钱，即每次要付四先令甚至更多的钱。由于到处进行逮捕，人们各奔东西等，以及由于德国的出版法，在这里只能指望有少数的订户，而在德国——也许只有在汉堡才能指望有几个订户。因此分发试刊没有什么用处。"②

大概从1852年8月初，马克思设法安排《雾月十八日》在德国出版，也试图出版英文版。在1852年8月至9月间，马克思试图在德国出版此书，但一切尝试都未成功。马克思曾经在1869年《雾月十八日》第二版序言中提到："当我向一个行为极端激进的德国书商建议销售这种刊物时，他带着真正的道义上的恐惧拒绝了这种'不合时宜的要求'。"③ 保尔·拉法格指出："他的《雾月十八日》完全无人注意，这部著作证明1848年所有的历史学家和政论家，只有马克思一个人才了解1851年12月2日那次政变的原因和结果。虽然这本书是谈论当前的重大问题，但却没有一家资产阶级的报纸提到过它。"④ 1852年9月，马克思希望用英文出版《雾月十八日》，以扩大《雾月十八日》在世界范围的影响。当时马克思找到共产主义同盟盟员皮佩尔翻译第一章，并请求琼斯翻译这部著作，并希望在其主办的《人民报》上刊登。琼斯起初答应了，但是并没有兑现诺言，因而没有出版。恩格斯邀请共产主义者同盟盟员皮佩尔翻译，并经恩格斯润饰过的《雾月十八日》在10月底正式出版英译本，但同样销路不畅。当马克思收到由魏德迈在纽约

---

① 《〈路易·波拿巴的雾月十八日〉的写作和出版情况》，载《马克思恩格斯研究》1992年第8期，第214、217页。
② 《马克思恩格斯全集》第28卷，北京：人民出版社1973年版，第479页。
③ 《马克思恩格斯文集》第2卷，北京：人民出版社2009年版，第465页。
④ 〔德〕保尔·拉法格：《回忆马克思》，载中央编译局编译《回忆马克思》，北京：人民出版社2005年版，第202页。

出版的《雾月十八日》后，1852年12月11日和18日琼斯两次在《人民报》上发表了对此书的评论，这是《雾月十八日》最早的评论性文章。

　　直到1869年书籍市场的需求以及德国朋友的催促，才促使马克思安排汉堡出版商奥·迈斯纳在汉堡出版了第二版。当时俾斯麦在发动普法战争之前，企图效仿波拿巴的政变。马克思这时决定再版《雾月十八日》。1869年1月底，马克思在给恩格斯的信件中，谈及他准备重版《雾月十八日》，并告诉恩格斯，迈斯纳愿意承担该书的出版工作。1869年5月21日马克思致信恩格斯："迈斯纳一星期前给我寄来《雾月十八日》的第一个印张，并保证说，现在工作将'迅速'进行。"①再版前，马克思重新审订了原文，改正了印刷错误，删去了重复的语句，节略了某些段落，将书名改为《路易·波拿巴的雾月十八日》。马克思于6月中旬才收到最后一批校样，6月23日撰写了序言并寄给迈斯纳。迈斯纳收到马克思寄来的校样和序言后，于7月20日在汉堡出版了《雾月十八日》德文版。

　　德国资产阶级报刊对《雾月十八日》新版竭力保持沉默。德国《人民报》只是在1870年8月16日才发表了该书出版的消息，同时刊登了序言。《雾月十八日》新版出版后，马克思立即寄给恩格斯数本，7月24日当恩格斯收到书后在给马克思的回信中称赞"这本书装帧很好，没有印错的字，读起来好得多。序言很好"②。

　　在《雾月十八日》中，马克思无情地控诉了路易·波拿巴这个暴发户，因此这本书要在法国出版，是根本不可想象的。由于在波拿巴政变之后紧接着发生了科隆共产党人案件，马克思要找到一个出版人就更加困难了。③1885年7月《雾月十八日》第三版出版后，恩格斯于同年

---

　　① 《马克思恩格斯全集》第32卷，北京：人民出版社1974年版，第302页。
　　② 李佩龙等：《〈路易·波拿巴的雾月十八日〉的写作、出版和传播》，载《宁夏大学学报（人文社会科学版）》1983年第1期，第18页。
　　③ 〔德〕梅林：《马克思传》，樊集译，北京：人民出版社1985年版，第275页。

7月至8月间开始审阅由法国社会主义者爱·福尔坦翻译的《雾月十八日》法文版。恩格斯与福尔坦通信，商谈关于在法国工人党机关报《社会主义者报》上发表这一译文的可能性。福尔坦知道《雾月十八日》是描写法国1848—1852年杰出的历史著作，所以想把它译成法文。此外，拉维涅也在翻译，但是恩格斯还是决定采用福尔坦的译本。法文本终于在1891年1月发表在法国《社会主义者报》上，在利尔德劳利出版社出版了单行本。①

即使如此，"不合时宜"的著作也在马克思主义者中影响广泛，受到了极大的关注。克路斯和魏德迈在其文章中多次援引《雾月十八日》并注明引自马克思的这部著作。1860年，卡尔·福格特还在美国一些德文地方小报上与之进行论战。19世纪60年代，马克思的《雾月十八日》不仅对于捍卫共产主义政党独立的政治立场，而且为反对波拿巴主义提供原则的和科学的论据，具有重大的现实意义。1862年以来，俾斯麦在普鲁士推行一项实质上是波拿巴主义的政策。② 作为马克思的亲密合作者恩格斯充分强调《雾月十八日》的意义，在《雾月十八日》第三版序言中明确地指出："的确，这是一部天才的著作。"③《雾月十八日》被视为验证马克思的唯物史观的范例，也被赋予科学的内涵。在《法兰西阶级斗争》和《雾月十八日》中，马克思是"用他的唯物主义观点一定从经济状况出发来说明一段现代历史的初次尝试"④。

1896年，德国和国际工人运动的著名活动家威廉·李卜克内西指出："马克思在《路易·波拿巴的雾月十八日》中为1851年12月2日的政变立了一块耻辱的碑石，就像但丁的《恐怖的三重唱》那样永恒

---

① 李佩龙等：《〈路易·波拿巴的雾月十八日〉的写作、出版和传播》，载《宁夏大学学报（人文社会科学版）》1983年第1期，第18页。
② 《〈路易·波拿巴的雾月十八日〉的写作和出版情况》，载《马克思恩格斯研究》1992年第8期，第215—216、221页。
③ 《马克思恩格斯文集》第2卷，北京：人民出版社2009年版，第468页。
④ 《马克思恩格斯全集》第22卷，北京：人民出版社1965年版，第591页。

不朽。"① "能够说《路易·波拿巴的雾月十八日》不能理解吗？难道直飞目标而深深刺入肉体的箭不能理解吗？难道妙手掷出、正中敌人心窝的投枪不能理解吗？《路易·波拿巴的雾月十八日》的语言就是箭和投枪，它的风格是用火烙，用刀杀。如果憎恨、轻蔑、对自由的热爱曾经在什么地方用燃烧、破坏和激昂的语言表达过，那就是在《路易·波拿巴的雾月十八日》这部著作中。这部著作把塔西佗的严肃的愤怒、尤维纳利斯的尖刻的讽刺和但丁的神圣的怒火综合在一起了。这种风格在这里就是 stilus，即最初罗马人拿在手里的那种用以书写和刺戳的尖锐钢刀。这种风格是一把真正刺中心窝的匕首。"② 第一部《马克思传》的作者梅林视《雾月十八日》为马克思的小部头历史著作宝库中最晶莹灿烂的宝石。梅林认为："在这部闪烁着智慧和机智的著作中，马克思以前无古人的技巧，从历史唯物主义的观点透彻地分析了当代的事件，这部著作的形式和它的内容一样辉煌。"③

意大利第一个马克思主义哲学家拉布里奥拉因撰写《纪念〈共产党宣言〉》，而被恩格斯称之为"严肃的马克思主义者"。1896年3月，拉布里奥拉指出了《雾月十八日》对于理解唯物史观的意义："正是他作为这个学说的基本原理的第一个和主要的创造者，很快地把这个学说变成政治理解的工具，成为1848—1849年革命时期的首屈一指的政论家。稍后，他在他的著作《路易·波拿巴的雾月十八日》中最彻底地运用了这个学说；就是在许多年和多次再版后的今天，我们可以说，这部著作——除了一些小的细节和个别的错误预言——不需要作任何修正和补充。"④ 拉布里奥拉认为："阐述路易·波拿巴的雾月十八日的著作

---

① 〔德〕威廉·李卜克内西：《纪念卡尔·马克思——生平与回忆》，载中央编译局编译《回忆马克思》，北京：人民出版社2005年版，第56页。
② 〔德〕威廉·李卜克内西：《纪念卡尔·马克思——生平与回忆》，载中央编译局编译《回忆马克思》，北京：人民出版社2005年版，第31页。
③ 〔德〕梅林：《马克思传》，樊集等译，北京：人民出版社1965年版，第278页。
④ 〔意〕安东尼奥·拉布里奥拉：《关于历史唯物主义》，杨启遴等译，北京：人民出版社1981年，第133页。

则是把新的历史观运用于有严格时间界限的一系列事实的第一个尝试。"① 马克思在《雾月十八日》中所提及的集团、霸权以及领导权等概念深刻地影响着意大利共产党创始人之一葛兰西。葛兰西提及《雾月十八日》时认为:"有人说,政治和意识形态的任何一次波动都可以当作基础的直接反映来加以描述和说明,并把这说成是历史唯物主义的一条基本原理。对于这种主张,必须当作一种原始的幼稚病从理论上加以驳斥,同时还要用具体的政治和历史著作葛兰西的作者马克思提供的真凭实据在实践中大力反对。从这一角度来看,特别重要的著作有《雾月十八日》和关于东方问题的文章,以及其他的论著(《德国的革命和反革命》《法兰西内战》)和一些短文。"②

在苏东共产党人中,列宁认为,与《共产党宣言》相比,马克思在《雾月十八日》中的精彩论述向前迈进了一大步。"在那里,国家问题还提得非常抽象,只用了最一般的概念和说法。在这里,问题提得具体了,并且作出了非常准确、明确、实际而具体的结论:过去一切革命都是使国家机器更加完备,而这个机器是必须打碎,必须摧毁的。这个结论是马克思主义国家学说中主要的基本的东西。"马克思的学说在这里也像其他任何时候一样,是由深刻的哲学世界观和丰富的历史知识阐明的经验总结。③ 克莱恩重点解读了"革命是历史的火车头"的论断以及无产阶级专政学说。他认为马克思以说明现代史的形式对革命事件进行广泛的研究,这种研究"也就失去了革命日报通过每日干预运动和直接成为运动的喉舌所具有的优点"。④《雾月十八日》对各种国家形式的转换及其原因以及对于国家机器的作用的研究,使马克思得出了无产阶级专政的本质的新结论。

---

① 〔意〕安东尼奥·拉布里奥拉:《关于历史唯物主义》,杨启遴等译,北京:人民出版社1981年,第27页。
② 〔意〕葛兰西:《葛兰西文选》,李鹏程编,北京:人民出版社2008年版,第236页。
③ 《列宁选集》第3卷,北京:人民出版社1995年版,第133—134页。
④ 〔东德〕马·克莱恩:《马克思主义哲学史》,北京:中国人民大学出版社1983年版,第338页。

在《雾月十八日》一书中,马克思以法兰西共和国为例,证明在资产阶级共和国的范围内,不可能消除工人阶级受剥削的现象在这部著作中,他第一次表达出这样一种思想,即无产阶级在革命胜利以后,不应该接过反动的、资产阶级的国家机器及其一切军事的、官僚主义的、为压迫人民群众而建立的机构,而是必须把国家机器砸碎。在无产阶级领导下,摧毁旧的国家机器,建立新的国家权力机关,实现从资本主义社会到共产主义社会的过渡——马克思把这些总称为"无产阶级专政"。①

(二)《雾月十八日》的广泛传播

《雾月十八日》出版后,当时一些评价本书的作者一般也把这部著作仅仅看成是分析法国事件及形势的政治论著。魏德迈所写的介绍文章指出:"卡尔·马克思在《纽约论坛报》上发表题为〈德国革命与反革命〉的连载文章(这些论文是恩格斯写的,发表时用的是马克思名字——引者注),在文章中他描述了德国革命发展的当前形势。他用类似的方式在他的〈雾月十八日〉中叙述了法国的形势。"② 另一个作者埃卡留斯则指出,这本书"为波拿巴篡权的历史提出了不仅是第一个,而且是唯一的一个有权威的说明"。它"是唯一的一部同时既满足历史的要求,又满足当代人对理解所从事的革命运动的需要的著作"③。但是他们还没有指出这部著作的重大意义,更没有以方法论为指导对其进行诠释。

《雾月十八日》传播过程的一个重要事件是《雾月十八日》英译本的出版。1897 年 9 月 12 日至 11 月 14 日,丹尼尔·德利昂(Daniel De

---

① 〔德〕海因里希·格姆科夫等:《马克思传》,侯廷镇等译,北京:人民出版社 2000 年版,第 175—176 页。
② 〔德〕约瑟夫·魏德迈:《路易·波拿巴的雾月十八日》一书序言,载《约瑟夫·魏德迈——美国社会主义的先驱》一书的附录。
③ 〔德〕格奥尔格·埃卡留斯:《政变文献评价》,载《马列著作编译资料》第 8 辑,北京:人民出版社 1980 年版,第 19、5 页。

Leon）将《雾月十八日》翻译成英文，以连载的方式发表在美国社会主义劳动党官方机构《人民报》（The People）周刊上。美国共产党主办的纽约国际出版公司（1935年、1963年、1972年、1987年等重印）在1897年12月首次出版了英文版本，① 而且指出西奥多·罗斯福与路易·波拿巴的惊人相似之处。德利昂在译者序言中指出，《雾月十八日》是马克思最深邃且富有才气的专题论文之一，是最优秀的历史著作之一。专门出版马克思主义著作的芝加哥查尔斯·克尔公司（1913年再版）、密歇根大学图书馆（1926年再版）分别在1907年出版了《雾月十八日》；艾伦&安文公司在1926年（1939年、1943年再版）出版了《雾月十八日》。②

《雾月十八日》最早的俄文版是1894年在日内瓦出版的，同时恩格斯的序言也刊登在该书的第一版上。1905年至1906年由克里切夫斯基翻译的《雾月十八日》俄文版在日内瓦出版。1932年，苏联出版了《雾月十八日》，而且这个版本是把马克思自己在这部著作第二版去掉了的部分完全保存下来的唯一版本。1940年，苏联马克思恩格斯学院又出版了根据两卷集翻印的新版《雾月十八日》。③ 纽约劳动新闻公司1951年、阿普尔顿世纪调查公司1955年分别出版了《雾月十八日》。国际图书有限公司、中央图书有限公司分别在1969年、1977年出版了《雾月十八日》。

三 《雾月十八日》在中国的传播与影响

《雾月十八日》在中国有着较长的出版和传播史并产生了一定的影

---

① Karl Marx, *The Eighteenth Brumaire of Louis Bonaparte*, New York: the International Publishing Comoany, 1897.

② Karl Marx, *The Eighteenth Brumaire of Louis Bonaparte*, Chicago: Charles H.Kerr Company, 1907; *The Eighteenth Brumaire of Louis Bonaparte*, University of Michigan Library, 1907; *The Eighteenth Brumaire of Louis Bonaparte*, London: G.Allen & Unwin,Ltd., 1926.

③ 李佩龙等：《〈路易·波拿巴的雾月十八日〉的写作、出版和传播》，载《宁夏大学学报》（人文社会科学版）1983年第1期，第18页。

响。1919年12月，胡汉民在国民党理论刊物《建设》杂志发表《唯物史观批评之批评》一文节译了《雾月十八日》（当时译为《法兰西政变论文》），是最早见诸中文的节译本，为《雾月十八日》所蕴含的唯物史观、社会心理观在中国的传播提供了当时最为详尽的原文。① 1920年3月，李大钊倡导成立了"北京大学马克斯学说研究会"。那时研究会已有马克思主义的英文书籍四十余种，中文书籍二十余种，其中英文书籍包括《雾月十八日》。②《雾月十八日》最早的中译本是由陈仲涛翻译的《拿破仑第三政变记》，由上海江南书店在1930年5月出版的。③ 吴黎平（吴亮平的笔名）在其编译的《辩证法唯物论与唯物史观》中附录三《唯物史观研究大纲》中将陈仲涛所翻译的版本列为理解马克思主义社会发展、社会变革、个人在历史中的作用、唯物史观意义等方面的补充参考书。这对于《雾月十八日》在中国的传播起到了不可低估的作用。

1938年5月5日是马克思诞辰120周年纪念日，中共中央在延安建立了第一所马列学院（历史上第一个专门编译马列著作的机构），不久又建立了中共中央出版发行部，统一领导中共的出版发行工作。中央出版发行部以"解放社"的名义出版《马克思恩格斯丛书》，其中包括《拿破仑第三政变记》。1940年柯柏年译、吴黎平校的《拿破仑第三政变记》单行本在解放出版社出版。④ 赵俪生也讲述了其与《雾月十八日》的机缘。"在一九四零年春，我在西安偶尔从旧书摊上买到一本著着一位日本人姓名的伦敦版英译的《拿破仑第三政变记》。买后不久，立刻就动手翻译。译到一多半时，柯译本出版的消息便在重庆的《大公

---

① 李其驹：《马克思主义哲学在中国》，上海：上海人民出版社1991年版，第77—78页。

② 胡永钦等：《马克思恩格斯著作在中国传播的历史概述》，载《马克思恩格斯著作在中国的传播》，北京：人民出版社1983年版，第252页。

③ 参见上海出版大事记，http://www.shtong.gov.cn/node2/node2245/node4521/node29047/userobject1ai54450.html。

④ 〔德〕马克思：《拿破仑第三政变记》，柯柏年译，吴黎平校，延安：延安解放出版社1940年版。

报》和《新华日报》上刊出了。因此，我中止了翻译。那多半部的译稿在某次特务搜查中埋在砖底下的土里，后来竟完全朽烂了。这便是我与《拿破仑第三政变记》一书的因缘。"①

柯柏年按英文本并对照德文本译出《拿破仑第三政变记》，此后吴黎平按俄文本、英文本并参照德文本校对。② 尽管当时柯柏年在译本中列出了《雾月十八日》的英文标题，但是由于大家将其意译为《拿破仑第三政变记》而采取从众的态度，却将英文标题翻译为《路易·波拿巴底二月十八日》。该版本收录了马克思为第二版撰写的序言以及恩格斯为第三版撰写的序言。1940年8月，上海生活书店以"世界学术名著译丛"名义出版翻印或新译解放社出版的马克思恩格斯著作，其书名仍为《拿破仑第三政变记》。"当年每本书出版时印数可能有两千册左右。纸张多用马兰草纸，质量不好，只有发给中央委员们的书才用白报纸印，我们译者也可拿到一本白报纸本的赠书。我们的书在解放社出版后，往往很快就在重庆重印出版。"③ 柯柏年等在《译校者关于本书内容的一点说明》中高度评价了其意义。

在《拿破仑第三政变记》这书中，马克思如此英明地深刻地分析了法国这一时期的历史事变，如此具体地光辉地运用唯物史观的伟大理论，使得这一著作（和马克思的其他著作一样）虽然到现在差不多经过了九十年，还不仅没有丝毫丧失而反是日益显示其内容的正确与意义的伟大。这真是一部万古不磨的、百读不厌的名著。书上的文字是非常美丽的、有力的。在文字上说，这

---

① 赵俪生：《略评〈拿破仑第三政变记〉柯译本》，载《文史学的新探索》，上海：海燕书店1951年版，第187页。
② 杨荟娟：《抗日战争时期马列著作翻译的特点》，载《高校讲坛》2010年第19期。
③ 何锡麟：《回忆在延安翻译马列经典著作的情况》，载《马克思恩格斯著作在中国的传播》，北京：人民出版社1983年版，第129页。

部名著也可在文学上占最高的位置。①

对于《法兰西阶级斗争》和《拿破仑第三政变记》两本书，柯柏年曾回忆道："有种论点认为，这两本书不是马克思的主要著作。其实，恰恰相反。马克思正是在这两本书里应用他的唯物史观剖析了他所处时代的重大事件。如果我们要学习马克思的理论，学习他如何应用其理论，那就必须仔细钻研这两本书。特别值得注意的是，恩格斯为《拿破仑第三政变记》所写的绪论。在这篇绪论里，恩格斯用唯物史观解释了法、德两国从十九世纪中期到十九世纪末期这几十年的历史，并对未来的革命做了分析和预见。"②

抗战胜利后，1947年9月，这本书由解放社出版了"胜利后的一版"。新中国成立后，重印的《雾月十八日》仍是上述"胜利后的一版"。1949年，哈尔滨的新华书店、北京的人民出版社、上海的光华书店等再次以《拿破仑第三政变记》为书名出版了《雾月十八日》。特别是，人民出版社在1953年、1954年两次印刷了该书。同年马列学院编写了《关于学习"拿破仑第三政变记"的参考材料》，编者在其后记中强调"这本书不甚易读，尤其是书中用典甚多，而且都是我们所不甚熟悉的外国典故，若对于这些典故不能了解，也就很难领会马克思的文章的妙处，因而障碍着领会文件的精神实质"。这些书在新中国成立后都曾再版或重印，但后来在有了中央编译局的译本后就不再印行了。

1950年12月人民出版社成立以后，马列著作的编辑出版工作开始有了集中统一的规划。一方面把过去的译本（包括解放社版和三联书店版）重新校订后统一用人民出版社的名义出版；一方面组织翻译新的译本，苏联外国文书籍出版社的版本也经过原译者校订译文后重新排印出

---

① 〔德〕马克思：《拿破仑第三政变记》，柯柏年译，吴黎平校，延安：延安解放出版社1940年版，第4页。

② 柯柏年：《我译马克思和恩格斯著作的简单经历》，载《马克思恩格斯著作在中国的传播》，北京：人民出版社1983年版，第32页。

版。1951年至1953年间,除人民出版社外,其他数家出版社也零星出版过一些马列著作。1953年以后马列著作基本上都统一由人民出版社出版了。《马克思恩格斯文选》第1卷集中编载了马克思的关于19世纪法国历史的三篇著作,以"路易·波拿巴政变记"为题名收录了《雾月十八日》的全文,视其为运用历史唯物主义方法分析具体历史事变的光辉范例。① 1955年2月26日,《人民日报》第三版对《马克思恩格斯文选》第1卷内容进行了介绍,包括《雾月十八日》。

1953年1月,中共中央成立了马克思恩格斯列宁斯大林著作编译局(简称中央编译局),其任务是有系统有计划地翻译马恩列斯的全部著作。中央编译局根据1955年开始出版的《马克思恩格斯全集》俄文第二版并参照德文原著译出的《马克思恩格斯全集》(第8卷)中文第一版收入了《雾月十八日》一文。《马克思恩格斯全集》俄文第二版所收的《雾月十八日》是根据1869年德文版本翻译的。编者援引了苏共中央马克思列宁主义研究院的《第八卷说明》指出,《雾月十八日》"是科学共产主义的最卓越的著作之一。这一分析历史事件并从理论上加以概括的天才著作,同时也是革命政论的真正杰作"②。特别是,编译者在《马克思恩格斯全集》(第8卷)中文第一版中首次根据原著标题译为"路易·波拿巴的雾月十八日",但并没有将马克思、恩格斯分别所写的两个序言编译在内。1962年,人民出版社据此出版了《路易·波拿巴的雾月十八日》一书,把1954年出版的《马克思恩格斯文选》中马克思、恩格斯的两篇序言其纳入此书中。③

1958年,中国青年出版社编辑出版的《马克思恩格斯列宁斯大林著作介绍》中介绍了《雾月十八日》历史背景、主要内容以及学习意义。编者认为:"这是《法兰西阶级斗争》一书的续篇,不仅科学总结了一八四八年法国革命历史经验,而且在科学社会主义理论方面作出了

---

① 《马克思恩格斯文选》第1卷,北京:人民出版社1954年版,第219—321页。
② 《马克思恩格斯全集》第8卷,北京:人民出版社1961年版,第XIII页。
③ 《路易·波拿巴的雾月十八日》,北京:人民出版社1962年版。

关于打碎旧国家机器的新结论，论述了工农联盟等重要原理。"① 编者强调《雾月十八日》在马克思主义发展史上的重要地位，对于全世界无产阶级革命实践的指导意义，视其为分析历史事件并从理论上加以概括的天才著作，是科学社会主义的一篇重要著作。

《马克思恩格斯选集》第1—4卷是中央编译局根据《马克思恩格斯全集》中文版选编，收录了马克思和恩格斯在各个时期的重要著作110篇，书信96封，共180万字。《马克思恩格斯选集》最早是重印苏联出版的谢唯真校订的《马克思恩格斯文选》两卷集，中央编译局编译的第一版四卷本《马克思恩格斯选集》是1966年6月出版的。当时文化大革命刚刚爆发，没有好好发行。1971年，在全国出版工作座谈会上，周恩来总理指示要出版马克思恩格斯和列宁的两部选集。中央编译局遵照周总理的指示，于1972年将编校后的《马克思恩格斯选集》第1—4卷交人民出版社出版，因1966年的版本基本没有发行，故这部《马克思恩格斯选集》就作为第一版第二次印刷。编者认为："在这部著作里，马克思运用唯物史观，特别是阶级和阶级斗争的理论，深刻地分析了一八四八年法国革命的几个阶段，科学地阐明了路易·波拿巴政变的原因、实质及其结局，进一步发展了马克思主义国家学说和工农联盟的原理，第一次提出了关于胜利的无产阶级必须打碎资产阶级国家机器的结论。"②

改革开放新时期，中央编译局根据党中央要求适应新时期马克思主义中国化的需要，为深入学习和研究马克思主义理论提供译文更准确、资料更翔实的马恩原著，决定编译一部中国版的《马克思恩格斯全集》，即《全集》第二版（即 MECA 版，又称国际版）。这个历史考证版收集的马克思恩格斯著作完全是他们的原始文字，主要是德文，也有

---

① 《马克思恩格斯列宁斯大林著作介绍》，北京：中国青年出版社1958年版，第85页。
② 《〈马克思恩格斯选集〉简要介绍》，沈阳：辽宁人民出版社1974年版，第94页。

英文、法文、意大利文、西班牙文等①。中央编译局完全按照马克思恩格斯的原文翻译。《马克思恩格斯全集》（第11卷）收入马克思和恩格斯在1851年8月至1853年3月所写的政治论著、时事评论、声明和文件，包括《雾月十八日》。② 在该版中，编者添加了《雾月十八日》1852年版本中部分内容的注释。1995年，在纪念恩格斯逝世一百周年之际，中央编译局又重编出版了《马克思恩格斯选集》四卷本的第二版，也就是拨改革开放以后的新版本。新版《马克思恩格斯选集》第1—4卷，是中央编译局在原版基础上，根据《马克思恩格斯全集》俄文版和德文版的新版本译校而成，内容有一些调整。新版《马克思恩格斯选集》第1卷1843—1859年的著作，包括《雾月十八日》。③ 相比于《马克思恩格斯全集》第二版所收录的《雾月十八日》，《马克思恩格斯选集》第二版增添了马克思所撰写的《1869年第二版序言》和恩格斯所写的《1885年第二版的序言》。

2001年，中央编译局编译出版了《雾月十八日》的单行本，④ 又根据党中央实施马克思主义理论研究和建设工程规划的新要求，着手编辑了10卷本的《马克思恩格斯文集》，其中第2卷收录了《雾月十八日》一书，这是《雾月十八日》最新的版本。

（本文来自2013年中央编译出版社出版的白云真所著《马克思〈路易·波拿巴的雾月十八日〉研究读本》有关内容。）

---

① 中央编译局研究员张奇方先生在审读文稿时指出了添加意大利文、西班牙文的批注，深表谢意。
② 《马克思恩格斯全集》第11卷，北京：人民出版社1995年版。
③ 《马克思恩格斯选集》第1卷，北京：人民出版社1995年版。
④ 〔德〕马克思：《路易·波拿巴的雾月十八日》，中央编译局译，北京：人民出版社2001年版。

拿破崙第三政變記

馬克思著

陳仲濤譯

上　海
江南書店印行
1930

1930, 4, 1, 付排
1930, 5, 1, 初版
1——2000册

版權所有

每冊實價大洋六角半

拿破崙第三政變記

目　錄

馬克思德文第一版序言

恩格斯德文第三版序言

第一章　一八四八年二月二十三日至六月二十七日

概論——資產階級的與無產階級的革命的區別

第一階段：二月革命至六月事變，各階級聯合以抗無產階級時期。

第二章　一八四八年六月二十八日至一八四九年五月二十八日

革命之第二階段：純資產階級共和主義者之專政——巴黎戒嚴——波拉帕特當選總統——總統與秩序黨聯合以抗立憲會議，立憲會議之瓦解，卽純資產階級共和主義者的顚覆。

第三章　一八四九年五月二十九日至六月十三日

立憲共和國與立法會議：第一期，小資產階級與資產階級及波拉帕特之鬬爭——六月十三日之示威運動——小資產階級民主主義者之失敗。

第四章　一八四九年六月十三日至一八五〇年五月三十一日

立憲共和國與立法會議：第二期，秩序黨之議會的獨裁——秩序黨由普選法的廢止完成牠的政治的獨占，但是喪失議會對內閣的統治。

第五章　一八五〇年五月三十一日至一八五一年四月十一日

立憲共和國與立法會議：第三期，議會主義的資產階級與波拉帕特的鬬爭——第一段（一八五〇年五月三十一日至一八五一年一月十二日）：

— 2 —

議會之軍隊統治的喪失——第二段（一八五一年一月十二日至四月十一日）：議會再建立對行政權力統治的企圖的失敗；秩序黨喪失掉獨立的議會多數，而與共和主義者及山嶽黨之聯盟。

第六章　一八五一年四月十一日至十二月二日

立憲共和國與立法會議：第三期，議會主義資產階級與波拉帕特間的鬥爭（續前）——第三段（一八五一年四月十一日至十月九日）：憲法修正，歐耳林派與君主立憲派之合併，波拉帕特第二次總統任期等衝突性的企圖，秩序黨之破裂——第四段（一八五一年十月九日至十二月二日）：議會與行政權力之破裂；政變；波拉袖特之勝利與議會政權之了結。

第七章　結論

政變（續前）：十二月事變——波拉帕特王朝之農民的基礎——法國農民之紀述——"拿破崙思想"：官制，僧侶權制，軍制——路易波拉帕特政權的矛盾。

— 3 —

附錄
1. 年表
2. 註釋

馬克斯德文第一版序言

我那早死的朋友溫德默伊(Joseph Weydemeyes)(註一)曾經於紐約出版一種政治週報,第一期於一八五二年一月一日發行。他要我作一篇這次政變的歷史。所以,在數星期中,至一八五二年二月中旬爲止,我給了他幾篇題名"法國二月十八日政變記"的論文。不久,溫德默伊的週刊停版了。於是他又於一八五二年春季出版一種月刊"革命"(Die Reuolution),這個月刊的第二期就印出了我的"政變記"。其中有數百本寄到德國,但是通常的書販沒有售賣;只有一

— 1 —

個德國書販,是一個自稱有極端的急進思想的人,我就要他一定售賣我的小册子,結果他被"這般不合時勢的要求"在精神上迫害了的。

明顯的由上面所述,這本小册子的著作是恰在所叙述的事件剛發生之後,而且所包含的這種事件的歷史就沒有在一八五二年二月中旬以後的。本書的再版是因爲書店的需要,和我的在德國的朋友的再三的催促。

與本書約在同時出版的討論路易波拉帕特政變的著作中,只有兩種是值得注意的:一即囂俄(Victor Hugo 註二)著之"小拿破崙"(Nepolean le Petit),一即蒲魯東(Proudhon 註三)著之"政變記"(Coup d'etat)。

囂俄只是對於政變負責者個人作一種嚴厲而巧妙的口氣的痛罵,這次事件對於他好似晴天的霹靂,他所見到的只是單獨的個人的專恣的行動,而不能認識到他的描述這個人成爲具有一種前不見古人的個人創造力者,實是使他似乎是偉大的而非渺小的了。另一方面,蒲魯東欲叙述政變是過去的歷史發展的結果,但是他把政變的發生變成政變英雄的歷史

— 2 —

的辯解。所以，蒲魯東陷於所謂客觀的歷史家們的錯誤。至於我，則證明法國的階級鬥爭創造出了那種使一個奇怪而平凡的人物能夠英雄氣慨地無畏的行動的情勢與關係。

精細的修改本書必然失去其特殊的色彩，所以我只想改正印刷的錯誤，與刪去幾處時間過去後不易了解的事態。

本書的結語是："如果皇袍終竟加到路易波拉帕特的身上，拿破崙的鐵像便要從汎東的圓柱的頂端墜落下來。"這預言業已應驗了。

加越士（Charras 註四）大佐，在他的述一八一五年戰役的著作中，公開攻擊拿破崙的崇拜。以後，特別是近幾年，法國的文學，利用歷史的研究，批評，諷刺及機智，葬埋了對於拿破崙的傳誦。但在法國境外，則很少注意，甚至很不了解這個對傳統的國民信仰的猛烈的攻擊——這個巨大的精神革命。

最後，我希望我的這本小册子可以貢獻於打破目前德國流行的凱撒主義（Caesarism）的空談。凱撒主義的空想是依據一種淺薄的歷史的類推而發生。

— 3 —

懷着這種空想的人們，忘却在古代的羅馬階級鬥爭只在有特權的多數者範圍內發生。形成住民大多數的生產羣衆的奴隸階級，只是站在一個鬥爭的被動的地位。人們忘了希西門底(Sismondi)(註五)的名語："羅馬的無產階級依靠社會而生活，而現代的社會到依靠無產階級而生活"(註六。古代的與近代的階級鬥爭的物質的(經濟的)條件之間的差異極大，所以各個時期的鬥爭所產生的政治的事變，不能比卡特布利的大僧正之與司祭長撒米耳(Samual)的互相類似的程度更加甚些

一八六九年七月二十三日於倫敦。

附註：這個註釋不是要說明本書作者的詳細的傳記。在本書作者的一八六九年再版的序言中，他告訴我們關於著作時的環境。至於他的傳記可參看 Franz Mehring 所著之馬克思傳中所說的。

這本偉大的著作是在可驚的情形之下構成的。馬克思最小的困難是溫德默伊"革命"週刊的計劃，因缺乏經費而失敗；更大的困難是馬克思的身體極不強健；而最壞的，他遭着極大的貧困，一八五二年二月二十七日他於某函中寫道："有一星期我不

— 4 —

能出大門，因為我的衣服在當舖裏；同時我們也沒有肉吃，因為屠戶不再賒賬給我們"。雖然他還能於三月二十五日寄出本書原稿的最後諸頁，但是在當時，這本"政變記"的出版希望仍然很少；同時在出版無希望的消息傳到馬克思那裏時，正是他的一個小孩子死去了，正是為他妻的健康而極端煩惱時。真的，前途黑暗！然而幾天以後，好消息便從溫德默伊那裏傳來了，他於一八五二年四月九日那天自美國寄來的信道："一個不期然的幫助解決了印刷你的著作者的障碍。就在我前次寫信給你之後，我偶然遇着我們的一個佛蘭克富里的工人，一個縫級業者，他和我一樣也是於去年夏季渡大西洋。我把我的困難情形告訴他，他馬上把他的全部儲蓄金共四十元幫助我。"虧得這個無名氏（溫德默伊甚至沒有說出他的名姓！），這本"政變記"才得出版。實在是一有階級意識的工人！

馬克思在序言中說他的這本書是在"革命"的第二期中發表的，但是依照 Mehriug 所說，那是登在第一期，第二期是 Freiligrath 的投稿。馬克思曾寄稿於這個刊物，不幸中途失去了。這個刊物並沒有出第三期。

由馬克思家庭的困苦和不健康的身體看來，本書的錯誤的極少乃是可驚的事情。就是這些很少的錯誤，大部分都是印刷上

— 5 —

的，而著者沒有改正的機會，也沒有爲一八六九年的再版改正錯誤。關於印刷上的小的錯誤，在本譯本中都已改正了。其餘讀者可參觀後面註釋。（英譯本原註）

恩格斯德文第三版序言

馬克斯的"法國二月十八日政變記"初版後的三十三年，明顯的必要發行第三版，乃是證明就是在今天，這個重要的作品還沒有失去其任何價值。

實際上，這是一本天才的著作。這次政變不意的襲擊了政界，牠好似一個晴天的霹靂的到來。有些人，充滿了義憤，大聲的痛罵牠；有些人認為這是一種從這樣被處罰了牠的罪惡的革命中救濟他們的一種手段。牠對每一個人都像一個襲擊的到來，然而沒有一個人能夠了解牠。緊接此次事件之後，馬克斯發表他的二月事變後，法國歷史的簡潔而諷刺的著作。這本著作指出一些事件的必然的結果，又說明十二月二日的奇蹟為這種連續發生之事件的必然的與自然的結果；而對於此次政變的英雄，他都與以應得的輕視。本書是由極高強的能手描寫的，所以日後，在一般事變的蛛絲馬跡顯明之後，都只證明馬克斯對待事實是如何忠誠。我從沒有看見一個如此精刻的洞察生活史——天天表現於我們自身眼前的歷史——的意義的先例。

　　法國歷史上的階級鬥爭，比較其他任何國家都要多些，而且每每都得到一個結果。更迭着改變的政治形式（在這種政治形式之中進行着階級鬥爭，而且表現了這些鬥爭的結果），在法國也表現得最為顯特。在中世紀，法國是封建制度的中心；文藝復興以後，法國是一個統一的最模範的君主典型國；在大革命中，法國撲滅了封建制度而創設起資產階級的統治，其過程的完全，實為歐洲其他各國所不能及的。同樣，法國革命的無產階級反對統治的資產階級，表現一種其他國家所不能及的猛烈形態。

這就是馬克斯不只是特別熱烈的研究法國過去的歷史,而且特別注意一切法國流行的鎖細事件,蒐集種種材料以為將來的研究,所以他對於種種事件從沒有盲然不覺的緣故。

還有另一種事實幫助了這種成功。馬克思是最先發現支配歷史進程的大法則者;依照這種法則,一切歷史的鬥爭,雖然似乎是表現於政治的,宗教的,哲學的乃至其他觀念的領域內,而在實際上僅只是社會各階級間的鬥爭的比較明顯的或比較不明顯的表現而已。這些階級的存在及其衝突,其自身是被他們經濟地位的發展的程度,他們的一般的生產方式,和他們的交換的方法所決定的。這個法則與歷史所發生的關係,猶如能力不滅律之與自然科學的關係一樣。牠供給馬克斯以了解法國第二次共和國的鎖鑰。"法國二月十八日政變"給馬克斯試驗與證明這種法則。現在,三十三年後,我們不得不承認這個證明是經得起時間的考驗的。

附註:此序文係一八八五年所作。

— 3 —

第 一 章

一八四八年二月二十三日至六月二十七日

概論——資產階級的與無產階級的革命的區別——第一階段：二月革命至六月事變，各階級聯合反對無產階級時期。

赫格爾（Hegel）(註七) 於某處曾說：一切大的事件與人物在世界史的進程中，都以各種方式重複表現。他却忘了附帶的說，第一次表現的是悲劇，第二次却是趣劇。柯希德耳（Canssidiere）(註八) 之於鄧吞（Donton）(註九)，路易白郎（Louis Blanc）(註十) 之於羅布斯比（Robespierre）(註十一)，一八四八年至一八五一年之山嶽黨（Mountain）(註十二）之於一七九三年至一七九五年的山嶽黨，外甥波拉怕特（Louis Bonapart）(註十三）之於他的舅父。我們在這些事件中看見了同樣的滑稽的畫片，而本書亦適於此時再版（一八六九年）。

人們造成他們自己的歷史，但並不是正如他們所願意的。他們沒有選擇他們自己的環境，但是他們不能不照他們所知道的環境去努力工作，不得不去適應時代的遺傳。這種死去的時代的遺骸，猶如一匹大山重壓在生存者的頭腦上。他們正在要使他們本身和事物革命化的時候，正在要創造全新的事物——正在這革命危機的時代之中，他們就渴望把過去的亡靈滲進他們的事務，假借死者的名義，恢復舊時的戰爭的吶喊，穿起傳統的制服，使他們能造成世界史的新舞台中的一個壯麗的外觀，所以，路得（Luther）冒充着塔斯士的保羅（Paul）；所以一七八九年至一八一四年的革命，結果把本身飾以羅馬共和國與羅馬帝國的服裝；所以一八四八年的革命不能做出什麼更好的事情，只有回頭來抄襲一七八九年和一七

— 2 —

第一章

九三年至一七九五年的革命的舊話。就像,新言語的學習者開始總是翻譯每個字與每個語句成為祖國的語言。對於應用的新語言中他不能享受到那新城市的自由,他在那裏不能自然,除非到了他能夠棄絕兒時所學習的語言的囘憶時,到了他能夠使用新的工具而不囘憶舊的時候。

我們一研究這種對於舞台上過去人物的模仿行為時,我們馬上發見一個顯著的差異。德摩南(Desmonlins)(註十四),鄧喬,羅布斯比,聖耶斯特(Saint-Just)(註十五),拿破崙(註十六),英雄與政黨乃至法國大革命的羣衆,雖然他們穿着羅馬的服裝,用着羅馬的言辭,但是却完成了他們那時的任務——就是解放了資產階級和建立了近代資產階級社會。雅各賓黨(Jocobins)(註十七)剷除了封建制度根深蒂固的領域,而且打倒了其中生長著的封建貴族的領袖。拿破崙在全法國建立了那能夠發展自由競爭的,能夠在大土地分割後開發所有地的,和能夠充分利用國民的工業生產力的諸條件。在法國境外,他到處都肅清封建的各種結構,因為這樣才能夠供給法國資產

— 3 —

級社會在歐洲大陸上以適當的環境至必要的程度。新的社會形態一旦實現了,古代的泰坦(Titans)和復活的羅馬教（Romanism）便消失了；布魯特士(Brutus)（註十八）格南克思(Gracchus)（註十九）卜布里柯拉(Publicola)（註二〇）也不再談起了；護民官(Tribunes),元老院議員,乃至凱撒(Caesar)（註二一）,都離開時代而遠去。資產階級社會,在牠的實體上,已經產生了牠本身的代表者：如塞(Say)（註二二）,柯勝(Consin)（註二三）,和基佐(Guisot)（註二四）等等；牠的真實的司令官却在會計室中；而路易十八（註二五）這個肥頭,就是牠的政治領袖。資產階級社會在專心於致富和努力於和平的競爭戰時,却忘了古代羅馬的鬼影已經守護在牠的搖籃傍。雖然資產階級社會是非英雄主義的,但是必需英雄主義來使牠實現——英雄主義,犧牲,恐怖,內戰,和戰場的屠殺。在羅馬共和國的嚴格的古代的傳說中,牠的武士們發現了他們所需要的那種理想與方式,那種自欺的工具,以便他們自己可以免於那種對於他們所從事的鬥爭的資產階級性的拘束,也可以保持那種對於歷史上大

— 4 —

悲劇適需的高度的熱情。同樣，在一世紀以前，因另一種發展的形勢，克倫威爾（Cromwell）(註二六)和英國人民曾經假借舊約上的言語，熱情，和幻想，以為他們自己的資產階級革命的粉飾。到了他們達到這種目的的時候，就是到了英國資產階級社會的轉變完成時，陸克（Lockle）(註二七)便代替了霍布古克（Habakkuk）(註二八)的位置。

所以在法國大革命中和英國十七世紀革命中，死者鬼影的復活是為要裝飾新的鬥爭，而不是要做效舊的鬥爭；是為增加一個想像的光輪於所要完成的任務上，而不是為尋求制止他們實際的行為的一種口實；是真實的努力去再發見革命的精神，而不是僅僅製造一個行尸走肉。

但是從一八四八年至一八五一年，就只是一個舊時革命的僵尸行動——一會兒"帶着黃色手套的共和主義者"(註二九)馬茗思持（Marrast）(註三十)裝飾着如昔時的伯伊（Bailly）(註三一)；一會兒那個冒險家（按指路易波拉帕特——譯者）又隱藏他的平凡而可厭的面像於拿破崙鐵像的背後。全體民眾曾經希望

— 5 —

由革命而加速的進步,現在馬上發覺他們自己囘到了一個已死的時代。那是無疑義的在開倒車,舊歷又復活了,一些舊時的名稱,一些在許多年來只不過是屬於考古學家研究的材料的舊時的佈告,以及那些許久就認為要消滅的舊時的催租吏,都又出現了。國民變成像那在瘋狂院中發狂的英國人的撲樣,他們自信是生存在古代的埃及時代,每天歎惜他們的命運,就像那被强迫去在古代埃及南部的金鑛中作苦役的人;他們陳說是被監禁在礦山的地下隧道中;唯一的光明,只有繫在他們頭上的燈的微光;監察人站立在他們的後面,手中執着鞭,看守着出口的是一羣野蠻的奴隸,他們是戰爭的俘虜,不懂這些懲役人的語言,甚至他們互相間的語言也不了解,因為他們的語言各不相同。這些瘋人說:"這一切都是欺騙我們——生而自由的英國人——為佛越(Pharaoh)開發金鑛。"同樣,法國人也喊道:"我們被迫而付波拉帕特家的借債"。那英國人。在他已經十分瘋狂而不得不被監禁以前,正患着固定的發財的思想。法國人,當他們還保持着革命的情緒時,仍然不能放棄他們對拿破崙的追思的心情。一八四八年十二月十日的選舉，路易波拉帕特當選為總統就是這個的明顯的證明。他們渴望避免革命的危險；他們熱望下劣的苟安；而一八五一年十二月二日的政變（Coup d'etat）（註三二）便是個回答。他們得着了較昔時拿破崙的滑稽劇而更多的事情。舊的拿破崙曾經親身回來，雖然是可笑的變形，然而是十九世紀中葉的必然的變化。

十九世紀的社會革命，不能由過去獲得形體的裝飾品，必須由未來從新創造出來。在牠沒有廓清一切古代的迷信以前，牠不能開始牠的工作。早年的革命需要回想歷史上的虛榮，因為只有這樣他們才能自己迷亂他們本身的意義。十九世紀的革命應該把過去送入墳墓中，因為只有這樣才能發現牠的自身真實的意義。那些早年的革命空言多而實質少，未來的革命，要實質多而空言少。

一八四八年二月革命中，舊的社會是受突然的打擊的。是以民衆宣言這次突變——這次不期的成功，在世界史上別開生面的，而是一個新時代的開展。在十二月二日，二月革命被一個鬼術的手段所欺騙而失去其所得。結果,革命所顛覆的並不是王朝,而是經數百年的鬪爭從王朝奪來的自由特權。我們知道社會畢竟沒有進到一個新的局面;反之,國家囘到最初的形態——君權無恥的統治,和獨斷政治得勢的形態。就這樣,一八四八年二月的突變的囘禮就是一八五一年十二月政變;所以容易獲得便容易損失。但是這四年却是已經充分利用了的!質言之,如果二月革命不只是表面上的一個微波,牠必然(依照一個有秩序的發展的定則)已經有研究和經驗在先的。在這四年期間,從一八四八年初至一八五一年末,這些研究和經驗是草草成就的,因爲那是革命的的緣故。現在,社會似乎已經退到比較出發點而更遠。然而,牠應當在實際上首先創造革命的出發點——應當準備出那種形勢,那些關係,那些條件,近代的革命只有在這些條件之下才能成事一個莊嚴的事件。

那些資產階殺的革命,如像十八世紀的,突進的不斷的成功;牠們互相奔競於牠們的舞台效果的光輝中;人與事物都像包入燦爛的光輝中;每日都充滿狂喜，不幸他們却短命了；牠們的高潮馬上登峯造極了；一到明朝，社會就不得不經過一個長期的消沈；只有在這個時期已過去了之後，對於那暴亂緊張時期的功業才發生了一種缺乏熱情的同化。另一方面，那些無產階級革命，如像十九世紀的，常常自己批評；他們屢次停頓着他們的進行；他們為欲作一個新的開始而反退回，他們極端的嘲笑他們的敵人，似乎只是因為要讓這些敵人與大地接觸，去獲得新的力量，而且如像有力的巨人似的再來戰爭。每每他們退縮了而沮喪在他們自己的目的浩渺偉大之前。但是終竟一種形勢到來了，這時退却是不可能的，而且環境高聲合唱道：

這裏是羅特斯，在這裏跳躍喲！

這裏有薔薇，在這裏跳舞喲！（註 三）

每個具有通常的觀察力的人，甚至那些對於法國發生的事件很少注意的人，都必然會預知二月革命大概要歸於恥辱的失敗。我們聽見那些可崇拜的民主主義者，用以互相慶祝一八五二年五月二日所得的壯烈的獲得品的讚美辭就真够了。一八五二年五月二日這天成了他們的一種固定觀念,一個信條。他們企望牠和企望基督的再生日——萬年太平世界的開始日一樣。照例的,弱點常常總藏在神秘的所在。一般弱者相信敵人是已經剷除了,因為他們在想像中已經把這些敵人剷除了。他們完全不了解實際,因為他們在空想上墮入天國似的將來中;他們對於他們的心靈幻境中所構成的勳功偉業感著滿足,但是他們不願將那些幻想的勳功偉業與實體的世界接觸。這些英雄們,就和那些常常聚集成羣而互相弔慰著以圖掩飾他們的顯然無能的人們一樣,預先備好了他們的行裝,取著了他們的勝利的金冠,就去忙著將那個在他們的已經(緘默而謙虛地)為之十分考慮過其政府大員們的名單的預想的共和國在交易所裏打著折扣。十二月二日的政變之來到他們的面前,就如一個青天霹靂。人民們,向來在無能為力而且消沉的時代,屈服著去讓他們內心的憂疑的呼聲,給那些能叫得最響亮的人們的喧擾克服掉的,恐怕終於會懂得我們已經不是生存在那鵝的鳴聲能夠保護加必特(Capit l)的時代了。

— 10 —

憲法，議會，王黨，溫和的及急進的共和主義者，阿非利加的英雄們 註三四，演說辭的轟動，日刊的光輝，全文學界，政治要人們，以及有名望的知識分子們，民法和刑法，"自由，平等，博愛"，乃至一八五二年的五月二日——這一切，一切，都由於那一個連他的敵人們也從不曾會以為他是一個大魔術家的人所施的魔術，而如夢一般的煙消雲散了，普選制似乎只在一個短期間生存了一下，那是因為要在一切人的眼光之前寫下一個親筆的願書，而好去利用人民的名義宣佈着："現有的一切都是宜於放進拉圾堆去的。"

說國民們是突然震驚著了的，如像法國人所說的：是不能辯解一點什麼。國民，猶如一個婦人，在一個不自守的時刻被一個不速之客得着了機會做了強姦的行為，總是不可寬恕的。這種推諉的話是不會解決我們的疑問的；牠只不過使問題更深進一層而已。那就更要去解釋為什麼一個包有三千六百萬人的國民集體會被三個勁發的暴徒震驚了，而且無抵抗地被投進監牢裏去。

我們來概略的敘述一八四八年二月二十四日至一八五一年十二月間的法國革命所經過的種種形勢。

明顯的有三個主要的時期：二月時期；共和國建立時期，即國民立憲會議時期，自一八四八年五月四日至一八四九年五月二十九日；立憲共和國時期，即國民立法會議（註三五）時期，自一八四九年五月二十九日至一八五一年十二月二日。

這第一時期，起於一八四八年二月二十四日，即路易菲力浦（Louis Philippe）（註三六）王朝顛覆之日，終於一八四八年五月四日，就是立憲會議第一次會議期；這是眞正的二月時期，也可以說是革命的序幕。官場的特徵表示於這一期的是二月臨時政府，自己表明是暫時的。在這時期所提出的，企圖的，和發表的任何事物，都如政府一樣，被稱爲暫時的。沒有人也沒有事物敢說事物的表面的權利就是眞實的權利。那準備或發動革命的諸要素——王黨反對派（註三七），共和主義的資產階級，民主主義的共和主義者，小資產階級，社會民主主義的勞働階級——在二月政府時期都獲得了"臨時"地位。

怎麼能夠不弄成這樣呢？二月革命的最初目的，是為獲得選舉法的改良，因之有產階級政治特權的範圍就要擴大，而金融貴族 (Financial aristocracy) 的獨占的統治政權就要顛覆的。但是在實際的衝突發動了，民眾佔領了防塞，國防軍 (National Guard) (註三八) 態度消極；軍隊的抵抗鬆懈，國王逃亡了，這時共和國的宣布像是一件當然的事情。但是與革命有關的每個政黨，對於共和國的解釋各自不同。由武裝力量而戰勝的無產階級，在這個新的創造物上顯示了牠的階級的特徵，而宣布社會主義的共和國。就這樣，近代革命的一般的要點是顯示著了——但是這一要點在此處是和那依照那要處理的實質，那羣眾文化的水平線，那尚未摧毀的環境和條件等，而即刻可實施的一切，尖銳的對照着的。另一方面，在二月革命中，一切別的參加者的要求大部分都被承認在政府中分配他們的地位。所以我們看見的是一個任何時代所無的極駁雜的混合體，其中高調的言論，和實際的無把握與困難聯在一體；一種革新的熱誠和

— 13 —

一種對於舊習慣決然的堅持聯在一體；一種全社會中表面的和洽和其中各種分子間的真正隔閡聯在一體。在巴黎的無產階級還在觀望由革命所顯示的偉大的前途，工人們還在作社會問題的熱誠的討論的時候，社會上的那些舊勢力便已集合攏來，會議着，而取得國民羣衆——農民與小資產階級的不期的援助，這些羣衆在七月王朝（July monarchy）(註三九)建立起的防塞崩潰時，便馬上羣集到政治舞台裏來。

第二時期，自一八四八年五月四日至一八四九年五月末，是資產階級的共和國建立時期。二月事變（February days）(註四十)以後，不僅王黨反對派被共和主義者震驚了，共和主義者又被社會主義者震驚了，就是全法國也被巴黎震驚了。一八四八年五月四日以普選法（男子的）而選舉的國民立憲會議，代表了國家，這是對一般對二月事變所生的奢望的具體的抗議，而其目的是要引導革命走向資產階級的道路。巴黎的無產階級馬上了解了這個立憲會議的性質，圖於五月十五日，即是第一次開會的九日後，以武力否認牠的存在，解散牠，分裂這個有機的組織。

— 14 —

第一章

這個由國民精神構成對巴黎工人的反動勢力。那是人所共曉的，五月十五日示威運動的唯一的成績是白郎克(註四十一)和他的同志們，無產階級政黨的眞正的領袖，在我們現在所討論到的這個階段的全時期中是被排除了。

資產階級性的路易菲力浦王朝，只能繼之以資產階級的共和國，這個意義是，以前在國王名義之下資產階級有限制的一部分有着統治權；目前，在人民名義之下全資產階級都要有統治權了。巴黎無產階級的要求認爲是幻想的妄言，而拋在一邊，這就是立憲會議的決議，對此無產階級就以六月暴動，那歐洲內戰史中最卓異的事件去答覆。資產階級的共和是勝利的；金融貴族，工業資產階級，中產階級，小資產階級，軍隊，遊民無產階級（組織成臨時動員軍的），智識份子，僧侶，以及農村的人口都被號召着去擁護這共和。巴黎的無產階級是孤立着了，在這次勝利後三千以上的暴動者被屠殺，一萬五千未受審判就被放逐了。這次失敗的結果，無產階級退到革命的舞台的後面。他們每在這種運動似乎得着了新的動力時。

— 15 —

便作一一更上舞台的新的企圖，但是每次都是能力漸小，結果漸少。只要在某一上層社會中發生一種革命的醞釀時，無產階級便去與這社會通力合作，因之他們在各派的一切失敗中都是被包含在內的。在議會裏和新聞界中，無產階級的領袖們都相繼的成了法庭的犧牲品；而極好的人物却到前線來指導；無產階級於是端賴空想的成驗，如"合作銀行"，"勞動介紹所"等企圖。換一句話說，無產級殺事實上成了那主張放棄以聯合力量使舊世界革命化的企圖的運動的聯盟者，却希望躱在社會的背後，且在牠自身有限的活動力的範圍裏面，去得到解放。但是每一這種企圖都是可以預定其失敗的。好像無產階級，非要等到在六月中與他們戰鬥的各階級和他們自己一樣顛覆了，才能再發現他們的革命的偉大，才能從他們組織的新同盟中獲得新的力量。但是至少他們是附着於歷史的大鬥爭的光榮的失敗。不僅法國，就是全歐州，都被這個六月的怒潮所震動；而上層階級的後來的一些失敗本是極容易取得的，那些勝利者却力極力誇張着，欲使之成為著名的事件。加之，這些失敗，

— 16 —

因失敗的黨派是更與無產階級分離了的，所以也是愈加恥辱的。

誠然，六月暴動者的失敗是準備了而且展開了資產階級共和國的建立的地盤，但是這次失敗同時也證明了除了"共和國與王朝"的問題，歐洲還有別的問題要解決。牠表現着一個明顯的事實上證明，那歐洲資產階級共和國其意義乃是表示一階級對一切別的階級的無限制的專政。更證明在一切文明國家中，階級的形成到了一個更進步的階段的，近代的生產條件得着了勢的，而又經過了數世紀的努力將傳統的思想消滅了的，其"共和國"的意義是資產階級一切社會的一種在變化中的或帶革命性的政治形態，而非一成不變的形態。所以歐洲與美國不同；在美國，雖然階級的分化已經發生了，但是階級還未固定，只是在繼續的流動中，他們的分子在不斷的交替着。在美國，近代的生產方法也不是如歐洲一樣的附帶着有經常的人口的過剩，反是相當的缺乏人手。最後，在美國，物質的生產力，還是在勃發的和初期的狀態中，而且是在想去支配一個新的世界，所以沒有時間和機會去作撲滅舊時代的迷妄的智識工作。

在六月事變(June days)(註四二)中一切別的階級和政黨聯合着抵抗無產階級，自稱為"秩序黨"(Party of Order)(註四三)。無產階級被誣為無政府主義的，社會主義的，共產主義的政黨。秩序黨由"社會之敵"的手中"救"了社會。他們採用舊社會的口號：財產，家庭，宗教，秩序，更用之為軍隊的口令。"在這個目標之下，你們將要戰勝"，這是秩序黨對反革命的十字軍所說。自此以後，要是那些曾經在反對六月暴動的旗幟之下顯現過他們自身的各黨派之中的任何一派，一旦幹出一個為牠自身階級利益的份上的革命的鬬爭時，牠總是被那些口號的合奏："財產，家庭，宗教，秩序"所戰敗的。社會已經屢次被"救"了，牠的統治者的範圍也就屢次縮小了，更狹隘的利益也就屢次更得到保障，而反對更廣汎的利益。對於極單純的資產階級財政改良的要求，極平常的自由主義的要求，極形式的共和主義的要求，極淺薄的民主主義的要求，每次都一齊被處罰為"對社會的攻擊"，被咀咒為"社會主義"，最後，"宗教與秩序"的高等僧

— 18 —

侶,他們自己也被人從三角神壇上踢下來,在黑夜中被拖出他們的臥榻,推進囚車(Black Marias),關入牢獄,押解遠方;他們的廟宇被毀滅了,他們的口被封閉了,他們的筆被毀碎了,他們的法律被撕破了——一切都是在"宗教,財產,家庭,秩序"等名義之下。狂熱的擁護秩序者,那高貴的資產階級,安靜的坐在他們家中的平臺上。被泥醉的軍隊所鎗擊;他們的財產被沒收了,他們的屋宇如娛樂品地被破擊了——這都是在"財產,家庭,宗教,和秩序"等名義之下。最妙的是,資產階級社會的游民成了秩序的神聖的密集隊,而英雄的克拉甫林斯克(crapulinsky)(註四三)走到特溫諾里(Tuileries)(註四四)宮中.成了"社會的救星"(註四五)

第 二 章

一八四八年六月二十八日至一八四九年五月二十八日

革命的第二階段：純資產階級共和主義者的專政——巴黎戒嚴——波拉帕特當選總統——總統與秩序黨聯合以抗立憲會議，立憲會議之瓦解，即純資產階級共和主義者的顛覆。

我們再繼續前面說的線索。

六月事變以後，立憲會議的歷史就是共和主義資產階級的各派的統治和後來傾覆的歷史，這些派別就是"三色旗 和主義者"，"純共和主義者"，"政治的共和主義者","合法的共和主義者"等。

在資產階級性的路易菲力浦王朝統治之下，這些集團構成公開的共和主義反對派，而形成一個被承認了的當時政界部分。他們在兩院中有代表者，同時在運用報紙上也有很大的勢力。他們的巴黎機關報"國民"之受國民的重視，並不亞於"討論報"。在立憲的王政之下，共和主義反對派的地位與其性質是相適應的，他們不是一個資產階級尖銳地分化了的派別；他們的分子不是因共同的利益而聯合的，也不是因特殊的生產的條件而劃分的；而是具有共和主義同情人們，如資產階級，著作家，律師，軍官，官吏等等的朋黨。他們的勢力乃基於全國對路易菲力浦個人的反感，舊共和國的追念，一般狂熱者的共和主義的信仰，尤其是強烈的法國國家主義。他們對於維也納條約和英法聯盟的怨恨，使他們不斷的警醒着。在路易菲力浦朝代，"國民"報戳得他那假面具下的帝政主義獲得了牠的許多擁護者，而後來却在這同一的帝政主義之中，那時是由路易波拉帕特代表着的，遇着了一個死敵。這個報紙，與資產階級的反對

— 21 —

派一樣,向金融貴族作戰。預算案的反對——在法國一種是攻擊金融貴族的對象——是極明顯的便宜地取得信仰的手段,而且開發無限的題材,供給嚴正的理想的社論資料,愛討便宜的人是不會不去採取這個策略的。工業的資產階級對於"國民"報無恥的擁護法國的貿易保護主義,是深表感謝的——這種擁護漸漸的更要依靠國家主義者而非由經濟的考慮去決定的。全體資產階級,因報紙的猛烈的攻擊共產主義與社會主義而欣喜。再則"國民"報的一派是"純共和主義者"的性質,就是說無條件的擁護共和主義,而與王朝形態的資產階級政權立在反對的地位的;或是主張無論如何資產階級必定要在共和國中有獲得最大部分的勢力的。至於如何可致實現那過渡到共和國的問題,純共和主義者是看不明白的。只是一件事,他們是不會懷疑的,因爲那在路易菲力浦朝代的末期談改良的宴會席上,是公開的承認過的,那就是在民主的小資產階級中,尤其在革命的無產階級之中,他們的不能獲得信仰。這些純共和主義,純到那純共和主義者所能純到的程度,在二月革命

— 22 —

暴發的時候,歐耳林王族(註四六)的王妃的攝政却幾乎使他們自覺滿足,因此他們最著名的領袖們都在臨時政府中被分配以地位。在先,自然他們獲得資產階級全部的信任,同時在立憲會議中支配着多數的議席。這個會議在組織行政委員會的時候,對於社會主義的分子則置之不理。後來,在六月暴動發動的時候,"純共和主義者"乘機又解散了行政委員會,這樣就廓清其最接近的敵人,小資產階級,卽民主主義的共和主義者(羅得諾南等 Ledru-Rollin)(註四七)。加汛尼克(Cavaignac)註四八將軍——資產階級共和主義者之一——他在六月暴動時似領導過政府的軍隊的,這時以準備獨裁的權力,行使著行政委員會的職權。馬若思特(Marrast)——"國民"報的前任主筆——成了立憲會議終身的議長,內閣要員與別的重要位置都落到"純共和主義者"的手中。

所以,這個共和主義資產階級集團,很久就承認自己是七月王朝的正統承繼者的,其成功是比他們荒謬的夢想更大了;但是他們的起而握得了政權,不是如在路易菲力浦時代時他們所幻想着的,以爲經過了一種資產階級反王朝的自由主義的行動，就會得到如此的結果，乃是要歸功於（用着葡萄彈）鎮壓無產階級起來反"資本"的暴動之成功。這件事在當時視為非常革命的事件，實是世界上最反革命的事件。果實是落在那些等待果實墜落的人的衣中，只是這果實是從智慧之樹落下來的，而不是從生命之樹落下來的。

資產階級共和主義者的專政，僅自一八四八年六月二十四日起至同年十二月十日為止。這個時期的歷史可以概略的說，在這幾個月中一個共和的憲法是形成了——同時巴黎却在戒嚴中。

實質上，新憲法不過是一八三〇年憲章的共和主義化的修正版。七月王朝時具限制性的選舉權，甚至大部分資產階級都被排除於政治權力之外，這是不能與資產階級的共和國的存在並立的。二月革命即刻廢除了這具限制性的選舉法，而建立直接的（男子的）普選法。資產階級的共和主義者不能將這個普及的選舉法，推出宇宙之外，他們就只好附加一種六個月的居民資格以限制選舉權而感覺滿足。中央與地方政府,民法與刑法,軍隊等等舊的組織過都留而未變——再不然,如果新憲法使這些組織有了一些變化,那便只是形式的而非內容的變化,名義的而非實質的變化。

一八四八年的各種自由權(個人的自由,言論自由,出版自由,結社自由,集會自由,教育及宗教自由等等)的必然的總參謀團,是背起那保證着神聖不可侵犯的憲法的招牌的。這些權利的每一種都被稱爲法國公民的一個不可否認的權利,但是常常附帶的條件是這個權利乃無限制的,除了因爲別人的同樣的自由和爲"公安"着想而勢必有所限制之外,或者,因爲那要保證這種調和的"法律"賦與了一些限制之外。例如:

"公民有結社權,和平的而非武裝的集會權,請願權,無論在公開的報紙上或由其他的方法的自由發表意見權。這些權利的使用只在不妨碍別人同等的自由和公安的範圍被限制。"(**法國憲法第二章第八節**)

"教育是自由的。但教育的自由享有於法律

的條件和國家監督之下。"（同上第九節）

"每個市民的居住是不可侵犯的；法律規定的形式除外。"（第一章第三節）

如此等等。

我們知道這種憲法再三的提到將來的行使的法律，在其中，這些附帶條件是要嵌進去的，在其中，上面所謂無限制的自由權的享受是要那樣去規定着，使之不致互相侵犯，也不侵犯公共的安寧。以後，這個必要行使的法律是由秩序黨黨徒產生出來了，其結果，一切的自由權是那樣規定着，使得資產階級斷然的能夠，不侵及別階級的任何權利而享受着。任何時若是資產階級全部扣除了"別人"的權利，允許"別人"的那多半是等於警察的圈套的條件之下享有一些權利，就每每用如在憲法上所寫的那"公安"的利益（因爲這代表資產階級的利益），而加以各種限制。

結果是雙方都十足的稱爲好去訴諸憲法的：不獨撤銷了那些權利的秩序黨是如此，就是那堅決的要求那些權利的給予的民主主義者也是如此。因爲憲法中之每節包含着反正相對的文字，上院與下院對峙、總是有一個總括的自由權的確實聲明，就有一個附帶條件又去否認了那自由。只要自由之名受着相當的尊敬，而那唯一的干涉（十分合法的干涉，是無須解釋的了）是只對於一種特殊自由的眞實享受的，則憲法上的自由權的確有其事是無傷的，不管那樣卑鄙的確有其事是怎樣粉碎著了的。

這種憲法那樣狡猾地弄成了不可侵犯的，然而如像愛起里斯（Achelles）（註四九）似的，有一點都是可以侵犯的。愛起里斯可攻擊之點是脚跟，在法國的憲法中却是頭部，更正確的說，是兩個頭，因爲當時有兩個：就是立法會議與總統。打開憲法，我們可以看見惟有那說明總統與立法會議的各節是絕對的，積極的，和決不會誤解的。資產階級共和主義者的目的，是爲保全他們自己的地位。憲法的第四十五節至第七十節極力的表明國民會議（即立法會議——譯者）可以依照憲法罷免總統，而總統不能依照憲法解散國民會議。像這樣憲法似乎是自名其強有力的破毀的。一八三〇年憲章確定了權力的分立，一八四八年的憲法更進一步的擴大了這種分立，而造成一個巨大的矛盾。一八四八年的憲法中,"憲法力量的賭博"("The plag of Constitutional force"這是基佐 Guizot 形容立法權力與行政權力在議會中的爭論的)參進憲法來,行動着,就像那玩"八卡拉"(Baccarat 法國紙牌名)的賭徒總想"冒險"——總想不管結果如何,而孤注一擲。一方面,產生了七五〇人民的代表,是以普選法(男子的)選舉的,而合於複選舉資格的。這些代表組成一個不能管轄的不能解散的不能分離的國民會議,這個議會有立法的萬能;有最後決定戰爭,和平,及貿易條約權;又全權賦有批准大赦之權;而且,以其永存,便永該在時代的前面。另一方面,又有總統,賦有一切君主屬性的特權;可以無須取決於國民會議而任免官員。一切行政權的工具都在他手中。他是一切職務的管理者,因此在法國他就成了一百五十萬人的命運的主理者——因為五十萬的文官和軍官有一百萬的從者。全國的武力,是任他自由指揮的。他能赦免各個罪犯,他能停止國防軍之職務,他因樞密院之認可能褫奪由公民直接選舉的縣市村鎮的議員之職務,外交條件在審議中之

— 28 —

時,協議的初步與處理是歸他的。國民會議是常在舉行的,而且是時常暴露在批評的目光中的,但同時總統却時常是在伊理西(Elysian fields)(註五〇)王宮中過着退休的生活。一定的,在這種退休之中在他的眼中有着,而天天在他的心中也反響着,那憲法的第四十五節,因爲那一條對他說:"朋友,人是不免於死的!你的權威在你當選後的四年止於愉快的五月第二個星期日!那時,你的光榮將要消失。你也沒有第二種事業。如果你負債,最好是於適當的時間,於憲法所規定給你的六十萬中抽來償清——除非你是想在愉快的五月第二個星期一,嘗試克里溪(Clichy 當時巴黎負債者的監獄)監獄的滋味!"。

這個憲法像這樣的予總統以實際的權力,同時却想保證國民會議要有精神上的權力。但是,不獨精神上的權力不能由議會的議決來創造,而規定選舉總統之應由法國全體公民的直接選舉法選舉,更是憲法毀壞了他自身的目的。一面是選舉票分散於國民會議的七百五十個議員,但以總統而論便集中於一人。每一個人民的代表只是代表某個政黨,某個城市,某個橋頭堡壘或跳躍的場所;甚至於他們只是代表選舉國民會議的七百五十部分之形式上的必需。因爲那是對於他,爲選舉什麼和選舉什麼人都不大懂得且更不大注意的一個人於行使選舉權。但是總統是國民的選舉,他的當選是有主權的人民們,每四年玩着一次的勝利的一場。當選的國民會議與國民的關係是空洞的,而當選的總統與國民的關係却是人與人的。無疑的,國民會議,經過議員的個人,也代表國民精神的種種方面,但是國民精神所依附着的却在總統身上。與國民會議對照着時,總統顯有一種非常的權勢,他乃是由人民擁戴着的總統。

海之女神媞娣絲(Thetis)參看(註四九)預先她的兒子愛起里斯,他將說死於靑年壯盛時代。這個憲法如像愛起里斯,有他的缺點,如像愛起里斯也有一個夭亡的預兆。從他們理想的共和天國俯視這個汚濁的社會,那些純共和主義者,當着忙碌於憲法的建立時,幷不是不會覺得到,在他們逐漸接近那偉大的立法藝術的完成之間,他們自已的信用是減低了,而同時那些王黨,波拉帕特派,民主主義者,和共產主義

— 30 —

第二章

者們的驕傲的預料是加強了，用不著要什麼海之女神來說明這些事實。他們想用憲法的技巧來避免這種惡運。就是在一一一節所註定的：修正憲法的任何提議必要討論三次，而每次討論之間隔至少應有一月的時間；那提議必要得到一個會議中至少四分之三議員的票決；又要不能少過五百議席對那提議的贊成。這是一個無效果的辦法，要想去保證將來他們陷於議會中的少數時——這是他們所知道的——仍能行使支配的權力，這是卽在那時他們都未能充分指揮的，——因爲，雖然他們當時局獲着大多數，支配權却漸漸的從他們脆弱的手中滑出去了。

末了，在一個歌劇似的一段中，這個憲法付託了牠自牙"於全體法國人民和每一個法國人的小心的監督和愛國的熱誠"——雖然在某前一段中，那些"小心的愛國者"是被交付給那"Haute Cour"——那依據憲法而成立的最高法院——的偵察下的慈悲的。

這就是一八四八年的憲法，牠在一八五一年十二月二日覆滅了，不是由於一個（如前所述）"苦杜

— 31 —

泰德"（Coup de tete）(註五一)，只是由於一個"苦杜雅坡"（Coup de chaapeau）(註五二)。要聲明的，就是那帽乃是一個拿破崙的三角帽。

在議會的裏面，資產階級的共和主義者，忙碌着去討論和議決憲法的條文，以構成憲法；同時在議會的外邊，加汎尼克却從事於使巴黎常在戒嚴狀態之中。這種戒嚴狀態，當着共和主義的難產的時候，做了立憲會議的助產婆。如果後來，憲法是被武力壓迫而不能存在，我們不能忘記，當憲法還在胚胎中的時候，是曾以對抗人民的武力去保障牠的，又是用了武力才使之誕生的。這些勝利的共和主義者們的父祖曾將他們的標記，那三色國旗，去漫游歐洲。輪到了現代這些現代的共和主義者們，這次發現他們也有了一個發明，這個發明是自然的風行遍了全大陸的，可是也一再的帶着新的快慰囘到牠的生產地，直到牠得到了法國內閣各部裏的一半的位置的權利。我說的是那戒嚴的狀態。這是一個榮耀的發明，是在革命中每一個繼續發生着的緊張時代中時時利用着的。兵營與露營，時時重壓在法國社會的上面，以壓迫思想而誘致沈靜；刀與鎗常常用為審判官與行政官，保護者與監察者，憲兵與更夫；兵士與甲胄，每每被歡呼為社會上的賢人與保護神——豈不是必然的會要，到結局的時候，終於用到兵營與露營，刀與鎗，兵士與甲胄，只一次就免得社會用他們自己的創造力，宣佈他們自己的統治是最高的，而免得資產階級的社會有了自治的煩憂。兵營和露營，刀與鎗，兵士和甲胄，應該漸漸更容易了解這種觀念，因為他們知道到那時由於擔任更高的職務會獲得更高的餉金。因為除了時時來的戒嚴的狀態，以及因某部分資產階級的命令而暫時的救了社會以外，並沒有什麼，所以唯一的真實結果當是少數的死傷，和一點表友誼的資產階級的寬臉。那麼，軍隊為其自身的利益而取戒嚴的狀態，一下子就對於資產階級實行綁票也好的麼？我們在此再順便提起，白拉爾 (Colonel Bernard)（註五三），他在加汎尼克執政時代曾任軍法處處長，現在又做着在巴黎活潑地工作着的軍事委員會委員長。

就這樣，這些寶貝，這些純共和主義者們，因為

— 33 —

將巴黎弄在戒嚴狀態中，造成了一個育兒院，使得一八五一年十二月二日的將軍們在其中長成了成人了。但是因此我是要稱讚他們的，就是：在路易菲力浦時代他們是最愛國者，可是一經是握得了國家的統治權者，便甘願匍匐於外國勢力之前了；他們不但不解放意大利，反而聽其被奧國人和拉普拉斯人（Napoeitans）所征服。一八四八年十二月十日，路易波拉帕特之當選爲總統，結果了加汎尼克和立憲會議的專政。

我們讀憲法第四十四節有："法蘭西共和國的總統總不應失去他的法國公民的品性"，而法蘭西共和國第一任大總統，路易拿破崙波拉帕特，不獨失去了他的法國公民的品性，不僅在就職宣誓的時候如像英國的特別警察，而且實際上是一個中立着的瑞士的公民。（參看註十三）

在前章我講明過十二月十日選舉的重要。關於這個題目我無須再誇張。此刻只要再講明那乃是由農民方面發生的行動（他們是被迫着去擔負二月革命的代價的）去反抗國民中別的階級，乃是一種鄉村反城市的行動。波拉伯特之當選總統,是由軍隊認可的,在軍隊中,"國民報"派的共和主義者們的政體是不曾獲得稱譽的;上級的資產階級也是認可的,認爲他是一個到王朝政治的手段;無產階級與小資產階也是歡迎的,因爲,在他們則這個總統是曾戰勝了加汎尼克的。我在後面要更充分叙述農民與法國革命的關係。

自一八四八年十二月二十日至一八四八年五月立憲會議之解散止,這個時期,包含着資產階級共和主義者衰微的歷史。在他們爲資產階級建立了一個共和國,驅逐了革命的無產階級於政治舞台之外,並且使民主的小資產階級歸於緘默之後,於是他們自己又被資產階級的幹部所驅逐,這個幹部恰當的攫取了共和國爲其私產。但是資產階級的幹部就是王黨(Royalist),在這資產階級中有些,那些大地主們,當王政復古時代是非常活動的,所以是君主立憲派(註五四)。其餘的,那些金融貴族與大工業家,在七月王朝時候曾統治法國,所以是歐耳林派(Orleanist)(註五五)。軍隊,大學校,教會,律師界,學院,與新聞界

— 35 —

等等的著名人物以各種比例而附屬於兩派。在這裏，對於那資產階級共和國旣不是波耳布王族(Bourbon)(註五六)的，也不是歐耳林派的，而成爲只是忠於資本的大名義之下的，他們是已經發現了他們能夠去聯合着執政的國家的形式。六月暴動已經使他們融合成秩序黨。再要做的事就是驅逐那仍在國民會議有勢力的資產階級共和主義的分子。這些純共和主義者們曾經對於人民，表示他們自已在用野蠻力量時是不猶豫的；同樣。在目前，若是成爲保護他們的共和主義和他們的，反抗行政機關和王黨的襲擊，的法定權利的問題時，他們就懦怯，垂頭喪氣而且不準備去奮鬪地表示着他們自已。在這裏詳細地去說他們瓦解的可恥故事不是的任務。他們不獨是顚覆了，而是根本消滅了。他們的歷史的記錄是終結了。在後來的時期中，他們無論在議會中，或議會外只成爲一種回憶罷了。就是這種回憶，也只在共和國的口頭上的存在的問題發生時，也只在那革命的衝突有落到極低的平面的危機時，才會適當的形成出來。在這裏我要提及"國民報"，就是那純共和主義者的黨派所由

— 36 —

第二章

來的定期刊物，在革命的第二期中變成社會主義的了。

在我們談及第二期的歷史以前，必須追述兩種勢力，在一八五一年十二月二日，其中的一個撲滅了其另一個的；雖然自一八四八年十二月二十日（即路易波拉帕特宣誓就總統之職時）至憲法會議瓦解，這兩個勢力還在聯合的關係中。我們所說的，一方面是波拉帕特，另一方面則是那上層資產階級——那秩序黨——的王黨聯盟，自從波拉帕特就任總統，他就組織一個秩序黨的內閣，任命白樂（Odilon Barrot）(註五七)爲內閣總理，著名的白樂是議會中資產階級最解放部分的老練的領袖。白樂先生自一八三〇年以來，對於大臣一席曾經逐鹿過，現在畢竟獲得了。而且他成爲內閣總理了。但是這種榮譽，還不能使他升爲議會中反對黨的領袖——雖然那在路易菲力蒲時代曾經是他所希冀的。他的總理職務之授予，是要他能夠去宰制一個議會的，所以他只有與那些曾經做過他的死敵的耶穌會和君主立憲派們聯合着，去擔任這個任務。後來，還沒有等到她變成一位妓女的

— 37 —

時候，他將他的這位新婚夫人帶回了家。波拉帕特退入幕後去了。秩序黨還在爲他而工作。

第一次內閣會議，決定了對於羅馬(註五八)的遠征。商定了這個遠征必須不由國民會議的決定，只是在人民代表的背後私自進行；遠征的經費必要以狡猾的手段從議會中獲得。所以新內閣就以欺騙國民會議，和祕密的與專利政治的外國武力結合反攻着革命的羅馬共和國的手段來進行牠的事業。就是這樣的，將及三年後，波拉帕特準備他的反王黨的立法會議與立法的共和國的十二月二日政變。我們不要忘了，一八四八年十二月二十日波拉帕特的內閣是由秩序黨組織的，而秩序黨於一八五一年十二月二日，在國民會議中握得大多數的議席。

八月中，立憲會議決定要在完成和公佈了一些補充憲法的行使的法律之後，才肯解散。但是，一八四九年一月六日，秩序黨，利用議員越塔(Rateau)做工具，在議會中提出了放棄通過更多的行使的法律，而卽刻解散議會的議案。解散案不獨是那白樂統治的內閣表同意的，立憲會議中的全體王黨議員也堅

— 38 —

第二章

決的主張解散案的必要，好去從新取得國民的信仰和鞏固秩序。臨時形式的時期必需結束掉。立憲會議的繼續存在妨碍了新政府的工作，只有除掉這個害物才能希望延長生命；全國也厭惡牠了。——波拉怕特很留心於一切攻擊立法當局的人，也暗暗的記着，而於一八五一年十二月二日他顯示出他是怎樣的熟悉着他的課程。他將他們自己的寶貝奉還他們了。

　　白樂內閣與秩序黨愈趨而愈下。在法國全國中，他流佈了向憲法會議的請願書，在此請願書中，立憲會議是被有禮貌地願望着去滅亡的。這樣，他們引起了無組織的羣衆騷亂的反對議會——而議會乃是人民的依據憲法的有組織的形體。他們教導了波拉怕特於議會中取決民意。結果，在一八四九年一月二十九日，就成爲立憲會議票決其自身之解散的一天了。當議員到議會的時候，他們發現會場被軍隊占據了。秩序黨的將軍章加里（Changarnier）（註五八），握着有國防軍與常備軍的全權的，在巴黎舉行着閱兵式，好像戰爭是迫進着了。議會如果不屈服，王黨聯盟的議員就會公開的以武力來威脅牠。可是，也只在商量着

———— 39 ————

一個短期的延會上,議會是可以退讓的。那麼,一八四九年一月二十九日的政變,與一八五一年十二月二日的政變,除了在前一事件中波拉帕特是與王黨聯合着的以外,其分別是什麼呢?秩序黨的議員不曾注意到,在一八四九年一月二十九日波拉怕特是乘着那機會派了一部分軍隊,他自己於特溫諾里檢閱着,在這用着軍隊勢力反對議會勢力的第一次明顯的示威我耀揚着 他自己暗示着 他是預備僭稱王號的。同盟的王黨却只會看見他們的走狗章加里。

秩序黨有一個特殊的理由,去解釋他們之於以願望立憲會議的一個强迫的終結。同盟的王黨那時是在考慮補充憲法的行使的法律,就是關於教育,宗教等等的法律。他們覺得好像那是非常緊要的,必須他們自己起草這些法律,而不應遺留給那些已經起了猜疑的共和主義者去起草。但是在那些行使的法律中有一項是關於法蘭西共和國總統的責任的。在一八五一年,國民會議方在努力於這特殊法律,這時,波拉怕特却以他的十二月二日的政變預先壟斷了議員。在一八五一年的仲冬議會選舉運動的時候,同盟的王黨爲要使這個責任問題的法律隨時可以實施著，尤其是因爲這是由一個充滿着不信任心和仇恨的共和國議會所造成時，有什麼事是不肯放鬆的呢！

由一八四九年正月二十九日的票決，立憲會議破掉了牠的最後的武器時，白樂內閣和秩序黨員就逼死了牠。他們對於能羞辱牠的事無有不做到了的；又利用牠的弱點及沮喪，他們踩躪了法律，就奪掉了牠的羣衆信仰最後的痕跡。波拉帕特，因爲活躍著一個要做拿破崙的堅決意志，是渴望着這種議會勢力的衰落變成事實。一八四九年五月八日議會因爲亞底樂(Oudinot)的占據西菲特菲西(Civita Vecchia)，通過了一個不信任內閣案，及對從事遠征羅馬的法國軍隊，應用到原定的目的以外的事件。同晚，波拉帕特却在"蒙利特"報(Moniteur)(註六十)上發表一封致亞底樂的信，獎勵着這個將軍的勳功，而自處於軍隊的有力的保護者的地位，以和文書生涯的議會相反映。王黨只是微笑，以爲這個總統是墜入他們的術中的。

— 41 —

後來，當立憲會議議長馬若思特認為議會全體是陷入危險時，他根據着憲法便要求用一團軍隊，團長却延岩著，談着"紀律"的官話，將馬若思特的請求取決於章加里，章加里侮蔑的拒絕了馬若思特的請求，說著他不相信會有"自覺的刺刀"(Daionnett-esintelligentes)（註六一）。一八五一年十二月當同盟的王黨想幹起一個反波拉帕特的決戰時，他們提出了那署名的"財務官議案"(Queston's Bill)，這是要建立起國民會議的主席能發出直接謖動軍隊的權力。拉夫樂(Le Flo)（註六二），他們的將軍之一，擁護這個議案，章加里贊成了這個議案。他們的明達却抬高了那某一時的立憲會議的謹愼的明達，但明達總歸是無用的。聖亞爾拉(Saint-Arnaud)（註六三），那陸軍大臣，答復請求軍隊之事一如章加里之答復馬若思特——而且是在山嶽黨們的歡呼聲中這樣幹着的。

在王黨同盟僅獲有內閣的職權，還沒有能支配着國民會議的時候，秩序黨對於議會政治之仇視態度，就是這樣的。這些人就是目前高歌着那一八五一年十二月二日的政變把議會政治驅出了法國的說

— 42 —

法,的人民們!

祝牠一路平安!

第 三 章

一八四九年五月二十九日至六月十三日

立憲共和國與立法會議:第一期,小資產階級與資產階級及波拉帕特之鬥爭——六月十三日之示威運動——小資產階級民主主義者之失敗。

一八四九年五月廿九日,立法會議舉行第一次會議。一八五一年十二月二日,就被强迫解散了。立憲的或議會的共和國的生存史就在這兩個日期之間。

在法國大革命中,立憲主義者的統治是由於基礎丁派（Girondins）的統治繼承着的,而基若丁派的統治是由稚各賓黨繼承着的。在立憲主義者,基若丁派的擁護是必要的,猶之在基若派稚各賓黨之擁護是一樣。當每個政黨輪流著,盡了其所可能的和其所能爲的領導了革命之後,而想命令著以停止時代的前進的時候,牠就被更勇敢的而是曾經擁護過牠的精怪們所推倒,而用斷頭臺肅清掉了。所以這個革命運動是一個繼續的向上的進程。

一八四八年的革命走了一個反對的路線。無產階級政黨僅僅表現自已爲小資產階級民主主義者的一個附屬物。但是在四月十六,五月十五,和六月期中無產階階却被小資產階級出賣了而且拋棄了。民主主義者,又去依賴着資產踏級共和主義者,而共和主義者却爲要獲得本身的地位,必要擺脫他們的這種累贅的同盟者,去求秩序黨的擁護。這個政黨又拋棄資產階級共和主義於危難之中,而去依靠武裝的援助。秩序黨的戰士還是坐在武力的肩頭的,那時,在一個黃道吉日罷,他們察覺了那坐位却生了針刺似的,因爲那肩頭變成了刺刀了。每一個黨派都要向

— 45 —

後踢着那些爭著向前進的，而自已却去依附於那些在前面擠着後面者的身上。怎能怪他們在這種滑稽的狀態之中會站不穩，在現了一些鬼臉之後，就顛覆下去了呢？就整個的革命說，那是退後着的。這種退後是發生在那二月革命中障礙物的最後痕跡被掃除了以前，在那第一個革命的權力建立以前的。

我們目前所談到的這個時期呈著一些鉅大矛盾之雜色的混合。在這時期中，我們看見過那公然對憲法施着陰謀的立憲主義者；那宣布他們自已贊成立憲行動的"革命"者；那想成為一切權力的，而堅持地保持着議會性的一個國民會議；那出賣了牠的信條而想以預言未來的勝利以寬恕其目前的失敗的山嶽黨；那為這共和國的 Patres Conscripti （註六四）的，而又因為情勢的緊張所逼迫，在國外則擁護他們所依附着的那蓄敵意的王族，同時在國內則擁護那為他們所憎恨的共和國的王黨；那從牠的弱點中去求力量，從牠所招致的輕蔑中去求威望的保障的行政委員會；那只不過是兩個專制政體，那王政復古與那七月王朝，的總的醜名兩具有帝政主義的標識的一個

— 46 —

共和國。我們又看見過那在他們聯合約書的第一句就說着反結合的話的各種結合；那無決心成為其第一條法則的鬪爭；那在和平名義之下的無益的無目的擾亂；那在革命名義之下的和平的倡導；那缺乏眞理的情感與那缺乏情感的眞理；那無英雄事業的英雄與無實事的歷史；那以歷書為唯一的動力之時間的進展，一個因為總是那樣不張不弛的無窮盡的連續而令人厭倦的時間進展；那常常像要達到最高潮而終不曾得着結果就傾落下去的緊張；那在那些社會的當然救主們隨時都忙着一些小的詭計和戀愛的喜劇，而在他們的這種"聽其自然"政策之下使我們只會想到佛郎德(Fronde)(註六五)時代而不會想到世界的末日時，他們對一個全世界巨禍之虛偽的努力和庸俗的恐怖。除這之外，法國當局的總的精神，會為個人的狡詐的劣跡所侮蔑；而國民的總意識，每由普選權而顯現着時，常會是力圖於那些人民的利益的無恥的仇敵身上來表現着，最後又從刼掠性軍人的放任的意識上來表現着。人與事都表現着如像顛倒着的彼得溪拉美爾(Peter Schlemihl)(註六七)，如

— 47 —

像放錯了位置的物體的影子。這個革命麻連了牠的自己的戰士而熱心的武裝了牠在鬪爭中的敵人。最後,那"赤魔"(Red Spectre),曾經一再被反革命者從虛無中呼喚着來,然後趕鬼似的驅除了去的,用真的熱誠出現着,牠那時却幷不是玩弄一個紅帽子,那無政府主義的弗利金的帽子(Phrygian cap)(註六八),不過是掛着秩序的招牌,而穿着法國兵士的紅短袴的。

我們知道波拉帕特在一八四八年十二月二十日(卽他登位之日)所設置的內閣,乃是一個君主立憲派和王黨同盟所組織的秩序黨的內閣。這個白樂——弗魯(Barrot-Fallsux)內閣的生存期較久於共和國的立憲會議(立憲會議的生命多少是被他們縮短了的);而目前尙是握權的。同盟的王黨將軍章加里還是統領着常備軍的第一師團與巴黎國防軍兩者的。普選權終結於秩序黨之獲得大多數議席。在國民會議中,路易菲力浦的議員與同黨們就不得不與君主立憲派的神聖小團體,去見面周旋,因爲國民的選舉罐給了他們(君主立憲派)進到政治舞台的機會。波

— 48 —

拉帕特派的人民代表是太少了，而且散漫着不能組織一個獨立的議會政黨，他們只能成爲秩序黨的不良的尾巴，所以秩序黨是統治着政權，軍隊，和立法會議。總之，秩序黨有了國家的一切權力，牠是被普選（這普選因爲似是公共意志的表現而有威權）和全歐洲大陸的反革命的同時的勝利在精神上助長了的。

任何政黨從沒有能在更佳兆的時候，或更有充足的軍力任其使用的時候，出發到戰場上去。

在純共和主義者坍台之後，他們看見了他們自己在國民會議中降至約五十人的一團。他們的領袖就是那在非洲建立過功勳的加汎尼克，拉摩黎西（Lamoriciere）（註六九），彼塔（Bedeau）（註七十）三個將軍。但是主要的反對黨是由山嶽黨組成了。社會民主黨（Social Democratic Party）已經採用了這個議會中流行着的渾號。牠在國民會議中的七百五十票權中佔有二百人以上，其力量與秩序黨同盟中的三個各別的黨派的最强者相當。雖然後者的聯合力量數量上有極大的超過，但是牠的數目上的弱劣好像

— 49 —

是由特殊的環境補充了。分縣的選舉表現了社會民主黨是獲得農村人民的多數的擁護的。差不多全巴黎區域的議席都是這個政黨的黨員；在那三個下士階級的軍官的選舉的時候，軍隊曾顯示着民主主義的信仰；羅得諾南，山嶽黨的領袖，曾被五縣的票舉在議會的意味上"尊崇了"的——這是一個無上的風頭。旣然王黨議員中的爭論是不可免的，而全秩序黨必然與波拉帕特衝突，山嶽黨於一八四九年五月二十九日似獲得一切有利於牠的預兆。但是在兩星期中,牠失去了凡百事物,就是榮譽亦在其內。

在繼續去談議會的歷史以前，必須對於我們現在所談到的這個時代的特徵的一般的誤會少加解釋。從民主的觀點以觀察這個事的人們，認爲在立法會議的全時期中，那些與在立憲會議的時期中同樣的力量是在活動着的。他們所看到的只是一個共和派與王黨間的直進的爭戰，這時期的總意味被他們簡括在一個總名詞"反動"（Reaction）之內——這總名詞好似一個黑夜似的，在其中一切的貓子都是灰色的了,在其中他們就可以忘却他們的平庸。第一

第三章

點,驟然之下一看,確然的,秩序黨是有王黨各派的聯合之形勢的,這各派不只是因為每一個都意欲各自取得權位而打倒那些敵對的要求者的緣故,每一個都想傾扎其餘的各個而且同時又會因共同憎惡"共和"和決定要共同攻擊"共和"的緣故,而互相聯合起來。和這種王黨陰謀對照着,山嶽黨在我們面前出現為"共和"的代表者。秩序黨表現繼續着煽動"反動",恰像在普魯士(Prussia)的情形一樣,以官吏,警察和檢察官的殘暴的干涉而強行其意志。另一方面,"山嶽黨"表現是在急謀抵抗這些猛烈的攻擊,而保障那"永久的人權",恰如一百五十年來一切別的所謂"民黨"一樣。但是這個外形,掩蓋了現在討論的這個時期的階級鬥爭和一些特殊面目的,在細加考究之下就消失了。

君主立憲派和歐耳林派如已經說過了的,形成秩序黨的兩個主要的柱石。惡他們各忠於自己的要求的是什麼,使他們互相爭奪的又是什麼?除了百合形國旗對三色國旗(前者是專制政治時代的旗幟,後者是共和國的旗幟——譯者),波耳布對歐耳林,玉

— 51 —

黨各派的敵對問題以外，就沒有別的了麼？波耳布王朝時期，大地主及其僧侶和奴僕輩統治着；歐耳林王朝時期，實際的統治者乃是擁有巨大金融，大工業的，大規模商業的人們——總之，就是"資本"與其隨員，律師，教授，及演說家。"立憲的王朝"只不過是地主傳統的統治之政治表現；同樣，"七月王朝"也只是資產階級暴發戶的掠奪統治之政治表現。所以，使這兩個派別總是隔離着的不是什麼所謂主義。他們是因他們生存的物質條件，因兩種財產的不同形式，分裂着的。他們眼界的分歧乃是城市與鄉村間的舊時衝突的表現，乃是資本與土地財產間的鬥爭。但是同時他們又忠心於皇室的某一支派麼？他們也被舊的懷念，私怨，希望與恐怖，成見與錯覺，同情與憎惡，以及宗教與道德的信仰與條文所束縛麼？誰否認這個！以財產的不同形式——以生存的社會條件——為基礎，構成了一個一般生活上的各種不同的和特殊的感情，迷信，思想習慣與希望等的上層建築物。整個的階級由牠的物質基礎，又由那相當的社會關係，產生着而且形成着這些東西。個人，由於因襲與教育而在其本身上發展這些東西的，會以為這些東西就是他的一切活動的決定力，的真來源。

歐耳林派與君主立憲派也許能自認或互認他們因各自與王室支派的聯繫的不同而分化着了。但"事實"那試金石却會來證實是因他們各派間利益的差異，才妨碍了波耳布王室與歐耳林王室的聯盟的。恰如，在個人生活中，我們將一個人對於他自身所想的和所說的，和他所真正是的和做的，分別看得着一樣；同樣，而且在那歷史舞台上的鬪爭中更確定的是：我們必須將那些政黨的言辭和幻想與他們的真的有機實體和他們的真實利益分別看待，必須將表面與真實分別看待。歐耳林派與君主立憲派在共和國時發見他們自己同時發出相似的要求。如果當時兩派都會謀各自所選定的王室的復辟而打擊他人的企圖，這只是表示資產階級由那內面被分化着的兩大利益（一方面是土地財產，另方面是資本）的各自單獨地在尋求着牠自己的優越勢力之建立與牠的敵對者之降服。英國的保守黨（Tory）數世紀以來都自信是王朝，教會，以及曾嚴的英國憲法的美點之——

保護者——但是，到了危險的時期，他們却被逼着承認了他們所真正重視的乃是地租罷了。

在國會的外面，王黨同盟的各黨員密謀於伊姆(Ems)(註七一)和克拉越門(Claremont)(註七二)，且以報紙爲工具，去實現他們各個黨派自己的利益。他們不在政治舞台的時候，假使情形可能，他們就恢復了歐耳林派的或君主立憲派的本色，急劇從事于他們的老把戲。但是只要他們是在公衆的目光之前時，他們是處在一個議會中大政黨的身份，處分着國家大事時，他們就會肯給波耳布王室或歐耳林王室以形式上的敬意，而永遠抛棄掉復辟的主張。他們的眞實任務站在秩序黨的地位，就眞做到了，那就是說要在一個社會的而不是政治的名稱之下；要是資產階級社會制度的代表，欲救不可思議的女王的任俠的武士；要是形成反抗一切別的階級的戰線的資產階級，而不是反共和主義者的王黨。亦且，站在秩序黨的地位，他們行使了一個比較王政復古時代或七月王朝時代更少束縛的和更酷厲的統治權於社會的別的階級身上。一個這樣絕對的統治權，只能發生於議會制的共和政體之下，因爲只有在這個政治形式之下，法國資產階級的兩個主要的柱石才能聯盟；換一句話說，就是只有在這種政治形式之下，才能建立全資產階級的無上權，而非這個階級的某一特殊部分的無上權。若是，也還是站在秩序黨的地位起作用時，他們多方面侮蔑了共和政體而且隨時都預備表示他們對共和國的仇視，那麽這必是王黨的因襲習尙以外的別的事故的結果。他們本能的覺悟着，雖然共和國是他們的政治統治之完成了的形態，共和國同時却動搖了他們的社會基礎，因爲牠使他們在公開的舞台上與那被征服階級的敵人接觸。在共和政體之下，再沒有帝王爲遮蔽的工具，再不能用他們互相的和與王室的附屬爭鬥來淆亂本題。他們以不適當的階級統治的條件而反動，因爲他們不能信賴得住他們本身的能力，他們就從那裏不相配的階級統治狀態之下退縮下去，而企望着那些較不完全的，較不進化的，因之就是較無危險的統治形態之復活。另一方面，同盟的王黨只要一與總統不相能時，只要他們一與波拉帕特衝突時，只要他們看起來議會的萬能是被行政權力所威脅時——總之，只要在他們為他們的權力應當表示政治的担保時——他們就將他們自己站在共和主義者而不在王黨的地位。他們統統這樣做過的：一面自歐耳林派的德耳士（Thiers（註七三）起，如他曾經對國民會議說着共和國是最好的公衆的計劃；另一方面，輪到了君主立憲派的班易（Berryer）（註七四），如他於一八五一年十二月二日，他穿着三色國旗的衣服，扮着人民官吏的模樣，站在巴黎第十區分部的會場面前煽動着與會的民衆。實在的好像是有回響譏笑着他，說："亨利第五，亨利第五"。（註七五）

要為形成一個聯合戰線以反資產階級的勢力，小資產階級與工人們組織了一個他們方面的同盟，那所謂社會民主黨。小資產階級發現了他們的情況自一八四八年六月事變以後漸趨惡劣。他們的物質利益是被危害的；賴以保全這些利益的民主性的保障被反革命所否認了。這使他們傾向於與工人締結聯盟。於議會中代表他們的組織，山嶽黨，曾於資產階級共和主義者專政的時候被推開了，當立憲會議

— 56 —

第三章

存在之後半期,因與波拉帕特和王黨內閣的鬥爭,又恢復了牠失去的信仰了。山嶽黨與社會的領袖組成了同盟。在一八四九年的二月,舉行過各種議會以慶祝這個同盟。起草了一個共同的計劃,建立了共同的選舉委員會,商定了共同的候選者。然而無產階級社會主義的要求之革命的目的是減弱了,這些要求也都帶了一個民主的色彩。反之,小資產階級民主主義的要求方面,取消了純政治的形式,而盡力的使之成社會主義性的。這就是社會民主主義的起源。那新山嶽黨——就是這種利益提攜之結果——含有(除開少數工人和少數社會主義支派不說)與舊時的山嶽黨同樣的分子,雖是人數加多了。但在進化的進程中山嶽黨依其代表的階級是改變過的。社會民主主義的主要的特性是如下所述。民主的共和制度之要求乃為一個手段,不是要為廢止兩個極端——資本與工錢勞動(Capital aud Wage Labour),而是要為緩和他們的敵對且改變他們的衝突為調和的。達到這種調和的種種方法或可被擁護,種種的計劃或可多少飾以一個革命的形式,然而實質常常是一樣的。

社會民主主義的實際的目的是以民主的方法來使社會變革，這個變革，每每保持在小資產階級的軌道中。我們不要離開了這個觀念，就是小資產階級的主要的目的乃是加強其本階級的利益。小資產階級認為其本身解放所必要的特殊條件，也是拯救社會所必要的一般的條件。他們以為沒有別的方法能夠拯救社會和避免階級鬥爭。也不要認定民主主義的議員都是店主，或小店主階級的熱誠的戰士。在文化上和個人的情況上他們可以是店主階級的極端反對者。其所以使他們成為小資產階級的政治代表的就是這個。在精神上，他們未能超過那種限制，就是那在物質上因小資產階級生存條件所加於小資產階級身上的。因此，在理論場中，他們必然被推向與那些在實際生活中，小資產階級被物質的利益和他們的社會地位所逼迫而傾向着的那些希望與辦法，概括的說來，這常常就是一個階級政治的和文學的代表們及其代表的階級之間的關係。

在前面的解釋之後，則在秩序黨為共和國和所謂人權而不斷的戰爭的時候，這些表面的目的均非

———— 第三章

牠的實在的目的，那應是無需解釋的了。當一隊要被解除武裝的軍隊為保存武器而戰爭的時候，僅只保持這些不是他們的根本的目的。

一經國民會議開會，秩序黨即與山嶽黨立於聯合地位。就如一年以前，資產階級感覺過有與革命的無產階級肉搏之必要，在現在他們又要與民主的小資產階級相肉搏了。但是新的敵人是站在不同的地位中，無產階級的力量是在街市中，小資產階級的力量却在國民會議中。所以必需引誘他們從國民會議走出街市中來，必需在尚未有時間與機會去讓他們自己的議會勢力團結之前設法打破牠。山嶽黨鹵莽地闖進了這個圈套。

那法國軍隊之攻擊羅馬就是一個釣餌。依憲法第五節，法蘭西共和國禁止用牠的戰鬪的軍力干犯別國人民的自由。第四節禁止行政權力不得國會的認可而宣告戰爭，立憲會議乃以五月八日的決議，表示否認羅馬的遠征。所以，在一八四九年六月十一日，羅得諾南提議彈劾波拉帕特及其內閣。被德爾士的蜂刺所激動着，他自動聲言要以一切可能的方法

— 59 —

保障憲法，甚至以軍事力量。山嶽黨起而照樣的重提彈劾。在六月十二日國民會議否決了彈劾案，於是山嶽黨退出了議會。六月十三日之事件是人所共知的，山嶽黨一部分黨員簽名所發表的宣言，宣告波拉帕特及其內閣"越出憲法的範圍"；民主的國防軍的街市遊行隊因爲是沒有武裝的，被章加里的軍隊所驅散；如是等等。有些山嶽黨員逃往外國，其他被審訊於波耳布地方的高等法院；其餘的份子由國會的決定交與國民會議議長嚴厲的監視。巴黎又宣布了戒嚴，而巴黎國防軍的民主部分解散。因此山嶽黨在議會的勢力消失了，小資產階級在巴黎的勢力破壞了。

在六月十三日，里昂工人階級的暴動有了預兆。未幾這個城市和五個近郊縣份宣佈了戒嚴，一直到目前。

許多山嶽黨員，因爲拒絕署名於前面所說的宣言，於中途脫離了這個先鋒隊。黨報拋棄了其目的，因爲僅僅兩種不重要的報紙大胆的刊出了這個革命的宣言。小資產階級賣了他們的代表者，國防軍未能集合，或是，他們出了場時，又妨害了障礙物的建立。

———— 第三章

議會的代表欺騙了小資產階級，因為并沒有那如曾經宣傳過的對於常備軍的同情者之出現。最後，民主主義者不會從無產階級獲得新的勢力，却反以其本身的弱點傳染了無產階級。如像時常發生着的，當民主主義者從事猛勇的革命工作時，領袖會責"民衆"之遠離而自滿，民衆也會責領袖作空洞的希望而自滿。

很少有什麼事是像這個山嶽黨的投機的戰鬥，那樣大聲疾呼過的；很少有什麼事作過那樣長遠的豫料着，而那樣高叫着，以爲是民主的無疑的勝利。無疑的，民主主義者真實的相信耶越柯(Jesicho)的城堡必然傾覆於其軍樂的聲中。民主主義者，當其在專制政治時代，常時希望這種神奇之事。如果山嶽黨要在議會獲得勝利，必須不用武力解決。如果在國會中用武力解決，在街市中就不會有"議會"。如果和平的示威運動是深刻的企圖着的，那麼沒有認識到他會遇着如臨戰爭的形勢的一班人是如何的傻瓜。如果示威運動者原有戰爭的思想，那麼，他們拋棄了戰時的武器，就是奇怪的行動。但是小資產階級和民主的議會代表的革命的恐怖，不過是企圖恐嚇敵人一下就完了。在他們走進不通的道路的時候，在他們澈底的妥協了他們自己。結果是他們沒有什麼實力而只有一個策略，去要實現他們的恐怖的時候，這個策略是弄得沮喪了。他們極力的避免足可成功的方法而去尋求屈服時的推諉法。砰砰的前奏，曾經宣告戰役之開始的，當着鎗要發放之時，降爲一個沮喪的怨聲；領袖們不再當牠爲嚴重的；這個行動就瓦解掉如像一個走了氣的氣球一樣了。

　　沒有那個政黨像民主主義者取了那樣一個誇張其自己的勢力的見解，也沒有那個政黨對於形勢的實況更易於受欺騙。當一部份的軍隊票舉山嶽黨的時候，山嶽黨便確信軍隊準備革命成熟。煽動革命的是什麼？從兵士方面觀察，這個煽動可以統稱爲革命者要站在羅馬方面的兵士以反法國的兵士！更且，一八四八年六月事變的紀念還是不遠的，那時無產階級決不會還有反國防軍的強烈的意志，秘密社會的領袖們也是十分信任民主黨的領袖們的。縱令有強有力的共同利益使這些黨派聯結，但這些差異點是不能講和的。憲法中的一個抽象的條文之被侵犯的事,不能使這樣的共同利益發生作用。民主主義者一再堅持着憲法是被違反了。公衆的報紙却稱憲法是反革命的拙劣的工作。但是民主主義者,因爲牠是代表小資產階級的——一個過渡的階級,其中兩個階級的利益是同時減少了的——以階級的衝突僭取優越的地位。民主主義者承認他們爲特權階級所敵視,但想着他們自己與國民其他部分聯合則組織了"民衆"。他所代表的是民權,所謂他們的利益就是民衆的利益。所以,在鬪爭迫切的時候,他們不懂爲什麼應該研究各階級的利益與態度,或去嚴謹的計算他們所能指揮的力量。他們以爲只須發出口令,民衆們(他們的力量是無窮的)便會向壓迫者攻擊。如果結果是他們的利益不能充足而他們所假定的力量無效力了,他們便歸咎他們的失敗是由於荒誕的詭辯學者的活動宣傳反聯合,使不可分離的民衆分裂成爲很多互相敵對的黨派;或者歸咎於軍隊(如他們所說的)是很殘暴的和很迷惑的,以致不能認識民主的純粹的目的是本身眞實的利益;或是歸咎於全部的策略因細目的錯誤而失敗，或者如這一次就歸咎於有一個偶然的未曾預料的事件覆滅了企圖。無論如何，民主主義者在最無恥的失敗之後，仍是無所疵議的，就像他們在參加鬪爭之前是一個淸白無過的人一樣；失敗只是加強了他們對最後勝利的信念；他們知他們的政黨沒有放棄他們的老眼界的理由，因爲沒有什麼會比環境必會來幫助他們的念頭顯得更緊要些。

所以，山嶽黨，雖然被六月十三日國民會議的決議所毀傷，抑壓，和破壞，還是不完全灰心的。最著名的領袖失去行動的力量；但是這予二等領袖以進步，他們因爲站到了領袖地位而高興。山嶽黨在議會之無力已經是明顯的了，於是牠的黨徒就自匿起來，限制自己的活動於對精神上的羞辱之一些暴發事件以及宣言文學之間了。秩序黨旣認他們是革命的最後的公開代表，和無政府的恐怖的實體，他們是在作一切極謙抑的而極微細的事務時是可以有自由的。關於六月十三日事件，秩序黨的擁護者安慰自己說："如果他們敢破壞普選制度，他們會懂得我們是怎樣

— 64 —

第三章

的角色的。等着看！"

至於那已經逃往外國了的山嶽黨員，只要說羅德諾南就夠了，這個人將他被推戴起而領導的這個有力的政黨在不過兩星期之間就完全弄到覆滅了，現在將他的任務視為是組織法國政府於外國。遠離了行動的場所，他的聲勢在革命潮流低落和法國官場的在職偉人衰微時，却反張大起來。一八五二年他居然裝着像一個要求共和政治的人。羅得諾南就每每發通告給瓦拉秦（Wallachians）和別的人，內面說到反歐洲大陸及其同盟者的專制政治的爆發。蒲魯東是很對的，他對民主主義者發出這樣的感嘆："你們只是欺騙者"。

六月十三日，秩序黨不僅毀碎了山嶽黨，他們將憲法也變成附屬于國民會議多數表決權之下的了。實實在在，這就是秩序黨的共和政體的觀念。這個共和政體是一種工具使資產階級能用議會制度統治着，而無王朝政治時代所施的行政權力的否認或解散議會等而生的種種限制。引用德耳士的話，就是"議會制的共和政體"（Parliamentary Republic）。但是在六月十三日資產階級確信本身在議會堡壘中的萬能，而剷除了議會中的最受民衆擁護的部分的時候,折磨了議會（如反行政權力反民衆）豈不是不可救藥的弱點麼？秩序黨無饜地將好多議員交到檢察官的暴虐的掌握中，結果只是秩序黨的議員使他們自身的議會特權歸於無效。使山嶽黨的黨員屈服於國民會議議長的監視之下的這種可恥的命令,徒然於貶責人民代表之中助長了共和國總統的勢力。秩序黨飢候蔑保護憲法的行動爲叛亂,斷言這樣的一個叛亂行動爲欲實行傾覆社會,牠就已經束縛了其本身的自由，若是來將行政權力侵犯了憲法時他也就不能起來"叛亂"。這算是歷史的戲弄罷,那將軍,曾遵波拉帕特的命令,猛力攻擊過羅馬的(這是六月十三日憲法政變的動力,)這位阿底樂將軍,在一八五一年十二月二日，由秩序黨哀懇地而無結果地稱爲站在憲法方面反對波拉帕特的將軍而呈獻於人民。六月十三日又有一位英雄飛越(Vieyra)(註七六),是曾經因領着一羣流氓國防軍,("高等金融"的那些食客們,)封閉了許多民主主義的報館,而爲國民會議所獎勵過的，後來却成了波拉帕特主要工具之一。後來國民會議在其呻吟待斃的時候之被奪去了國防軍的援助之一切機會的，乃是因為他的緣故。

六月十三日另有一個意義。山嶽黨曾經擁護對波拉帕特的彈劾案，而其失敗是與這個總統的勝利相同的，就是與這個總統的直接與個人的征服其民主主義者的仇敵的勝利相同的。秩序黨代波拉帕特而戰勝，波拉帕特只是取其實惠而已。六月十四日，巴黎的城牆張貼了一個宣言。這個總統，非本意而勉強的，由他的退隱的生活中，迫於事實的需要，出現在舞台上來，他就取了種不痴不聾的態度以禦巴防人。他雖然誇張地去證明他自己是為了保全秩序，但事實上保全秩序却是為了他自己。不錯，國民會議是追認過羅馬的遠征的，但這次遠征的動機却是波拉帕特的。他把司祭長撒姆耳送囘羅馬教王宮之後，他十分企望着到特溫諾里去取得如 David 王的地位。他使教士們歸依於他的統治之下。

六月十三日事變之經過，就我們所知道的，證明只是一個和平的遊行於街市而已，並沒有什麼更可驚的事體。在這裏，沒有得着什麽軍事鬥爭的光榮，在這些日期中當英雄們減少而事變亦少發生時，然而秩序黨却誇大其不流血的勝利爲第二個阿斯特里凱奏（Austerlitz）(註七七)。在演講台上和報紙中軍隊是被稱爲秩序的武力，因爲軍隊曾和那代表頹廢的荒亂之羣衆作過殊死的戰爭。章加里被稱爲"社會的干城"（Bulwark of society）——這一神祕的稱譽，他最後也自信了。可是在暗地裏那些認爲不可靠的軍隊被調出巴黎，曾經在選舉中投民主主義者的票的軍隊，便以船遣送到阿爾基利亞（Algeria）去，其不受節制的軍隊則予以軍事的處分。用了有系統的辦法，將報紙與兵營隔離了，也將兵營與資產階級隔離了。

現在我們就談到法國國防軍的歷史中一個轉變時期了。一八三〇年，這種國防軍曾經做了撲滅復古的王政的主要的工具。在路易菲力浦王朝時代，這個國防軍與常備軍共同的暴動是一致不曾成功的。一八四八年二月，國防軍對革命者取被動的態度，而與路易菲力浦的關係是動搖的，這時法國王朝就自行下野了。因此，那種信念，以爲沒有國防軍的援助革命不能勝利，而常備軍如果受國防的壓迫也不能保持着優勢的，就增長起來。這就是在資產階級萬能的時候，對於軍隊的迷信。一八四八年六月事變，國防軍與常備軍聯合以鎭壓暴動的時候，就更加强了這種迷信。在波拉帕特就任總統之後，國防軍的地位漸漸勢衰，因爲（違反憲法的）章加里被任爲這個軍隊和常備軍第一師團的聯軍司令。

由於這種手段，國防軍的司令部弄得好像只是總司令部的一個附屬機關，而國防軍就變成僅僅一個常備軍的附屬品。後來，在六月十三日，國防軍的職權被解除了。這不只是起於部份的解散軍隊——這個解散是分期的反復舉行於全法國，一直弄到只留有國防軍最少的部份。六月十二日的示威運動最是民主的國防軍的示威運動。是的，他們不曾用他們的武裝以反常備軍，但是至少他們是穿了軍服遊行着以表示反對這些軍隊的。那麼，那護身符就只是那軍服能了，於是那常備軍就領悟到了國防軍的軍服也與其餘的軍服一樣只是一個破舊的毛製的衣服。這法寶是被破除了。在一八四八年六月事變，資產階級和小資產階級充著國防軍而與常備軍共同反無產階級；一八四九年六月十三日當常備軍解散小資產階級的國防軍的時候，資產階級就佔在軍隊方面；在一八五一年十二月二日，資產階級的國防軍就自然的消滅了，波拉帕特後來命令着解散這個軍隊時，他不過在命令上簽個字而已。所以資產階級是自己傾覆了他們的反抗常備軍的最後工具；他們在小資產階級不再如僕役一般隨從着他們而成為叛逆者打擊着他們時候，就這樣幹了。事實上，資產階級是到了他們成為專政的時候，他們便自然地開始去破壞他們自己的反抗專政主義的一切武器。

可是現在秩序黨却能慶祝權力的再握。一八四八年權力之喪失乃是表面的非實際的，現在一切的束縛都被解放了。這個慶祝所取的形式，是對共和國和憲法痛罵的；是對一切過去，現在，和將來的革命咀咒的，他們自己的領袖們所領導的革命也並不除外；是制定那箝制輿論的，廢止結社權的，而且使戒嚴的狀態成為正式的和有組織的制度之一些法律的。國民會議宣佈從八月中旬至十月中旬為休會期，

而先設置一個常務委員會以處分休會期間之事件。在這個期間,君主立憲派陰謀於伊姆,歐耳林派陰謀於克拉越門,波拉帕特則在巡狩式的遊歷中準備陰謀,縣市的議會在作修正憲法的討論。這些事件始終為國民會議休會期間的特徵,未到他們弄成事實上的時,我無需在此處詳細來討論。這裏只要說明國民會議長久地不出現於舞台之中是疏忽的,讓路易波拉帕特(不管是怎樣可憐的)的單影,在那秩序黨因為分為那追求著"王政復古"的各種方略的王黨各派而會講議每一個人的時候,去映在民眾的眼前,是不智的。在這些休會期間,當那些議會中工作的喧囊沈靜時,當這議會的本體散為國民時,很明顯的,要完成這個共和國的真實形態只有一件事是缺乏着的。那惟一的必要事件就是國民會議應永久的休假,而且革命的標語:"自由,平等,博愛"要代以不曖昧的標語:"步兵,騎兵,砲兵"!

《路易·波拿巴的霧月十八日》中外文稀有版本文獻

第 四 章

一八四九年六月十三日至一八五〇年五月三十一日

立憲共和國與立法會議：第二期，秩序黨之議會的獨裁——秩序黨由普選法的廢止完成他的政治的獨占，但是失去了議會對內閣的統治。

一八四九年十月中旬，國民會議再行開會，十一月一日波拉帕特送來了一件文書通知罷免白樂——斐魯內閣（Barrot-Fallonx ministry），而任命一個新內閣，驚恐了議會。走狗們從不曾有這樣無禮貌地被

— 72 —

第四章

罷免的！那為國民會議預備著的送別的"外國火腿"在這時送到"白樂公司"了。

我們已經知道，白樂內閣是一個秩序黨的混合內閣，包含君主立憲派與歐耳林派。波拉帕特曾經需要這個內閣實行解散共和政治的立憲會議，處分對羅馬的戰爭，而打倒民主主義者。波拉帕特曾經表面上使人家都覺得是被隱蔽於這個內閣的後面，使政權在秩序黨掌握中，而裝出和順的假面具，就是那在路易菲力浦時代某一個新聞紙的法定的負責記者所裝過的假面具——"草人"（Homme de paille）(註七八)的面具。現在他拋棄了這個假面具，因為那不再是一個給他隱身的薄幕，却變成一個鐵的假面具，妨礙着他的真實面相的顯示了。他之任命白樂內閣是因要解散共和政治的立憲會議，而用秩序黨的名義去幹。他之罷免白樂內閣，是要由此他就可以離秩序黨的國民會議而獨立的顯揚他自己的名子。

解散的命令有一種巧妙的名義。白樂內閣未能遵奉那將使共和國總統與國民會議同時具有權力之嚴謹形式。在國民會議休會期間，波拉帕特發表了一

— 73 —

封給愛底加尼(Edgar Ney)(註七六)的信,其中他似乎反對着波布(Pope)的自由態度——恰如他反對立憲會議,發表過讚揚阿底樂之攻擊羅馬共和國的一封信是一樣的。現在,在討論遠征羅馬預算案的時候,竈俄被自由的動機明顯地激動着,提出總統的信任問題。國民會議在侮蔑的和懷疑的感嘆中接受了這個提案——意謂關於波拉帕特的任何問題不會具有政治的重要性。沒有一個閣員代這個總統應戰的。在另一次,白樂以他慣用而無著的情緒表示着他對於(他們那樣說過的)總統左右所作的"可惡的陰謀"之憤怒,最後,白樂內閣雖然勸誘國民會議通過了歐耳林王族的王妃的養老金,却沒有想實行增加總統的官俸。但是在波拉怕特,這個希望帝國尊榮的人,如與腐化了的冒險家極密切的混合在一處的,所以他的那個偉大的思想,那恢復法蘭西帝國是他的使命的思想,總是附帶着那向他報答是法國人民的使命的觀念的。

　　白樂——斐魯內閣是波拉帕特使之存在的初次的也是末次的的議會主義的內閣。所以,牠的解散是表現一個轉變期。同時秩序黨永不能再得的失却了牠對於行政權的控制,那保持議會制度的第一要著。法國是一個行政權力統領着五十萬以上的大羣官吏的地方,因此將一個各種利益及各種生存所形成的**極大集團**保持在完全地和永久地寄生着的狀況之中;是一個,國家包圍着,統治着,節制着,監督着,而且保護着資產階級的全部的地方,從其活動中最堪注重的主要的表現以至最微細的小事情,無論是團體的事業或純然個人的事業;是這種寄生虫的團體,因為可驚的中央集權的緣故,成為一種無處不有的,無所不知,而具有容易動搖性的地方,那種動搖性是只有對於眞的社會實體的自信心全然缺乏,或絕對的空泛,能與之並駕齊驅的。在這樣的一個國家中,國民會議不能握着任命內閣的節制權時,便不得不失却其一切眞實的權威——除非那是同時使行政單純化的;是極度的減削軍官的數量的;是為資產階級社會,也為表現公衆的意見,去建立牠自已的,不依附於政府權力的,言論機關。但是法國資產階級的物質利益是與上述的廣大的,派別複雜的國家機關有極密切的聯繫的。這種國家機關,就是資產階級的過剩人口的出路,而他們遂能,以薪俸的形式,將利潤,利息,租金,和費用方面的缺短補償起來。另一方面,政治的利害逼着資產階級不斷的增加壓迫的工具,擴大國家的財富與軍力;同時資產階級必然不斷地與輿論鬥爭,而毀壞或削弱那些(在尙未能全部剷除掉的時候)社會上獨立的原動機關報。所以法國資產階級為其階級的地位所驅使,一方面去毀壞一切的,包有他們自己的,議會權力的必要的基礎,另方面使那與其本身敵對的**行政權力**變成不可抵禦的。

新內閣稱為杜普內閣(d'Hautpoul ministry)。并不是杜普將軍被任為內閣總理了。自白樂免職,波拉帕特便廢止了這個位置因為任命了內閣,共和國的總統自身便降到一個法律上等於不存在的地位。他便成為比一個立憲的君主,更不行的,因他是一個未登極的或加冕的,無節鉞的或御劍的,無責任的,未得國中無上尊嚴的不朽的所有權的,而且(最壞的是)無俸金的君主。杜普內閣只有一個人是有國會聲譽的,就是弗爾德(Fould)(註七九),一個猶太人,在

— 76 —

財政界負有聲望的。他被任爲財政大臣。讀者如果研究巴黎債券交易所的市價，會注意到自一八四九年十一月一日以降，法國債券的漲跌與波拉帕特債券的漲跌是一致的——波拉帕特在這樣與 Bourse（債券交易所）確定地密切的勾結着的時候，他任命了加爾里（Carlier）（註八〇）爲巴黎警察總監而取得警察統治權。

但是內閣更換的效果，只有在時間的進展中會逐漸明顯出來。這時波拉帕特只作了僅僅一步的前進，因爲要使一切太露骨的事暗晦下去。他的臨時的咨文之後，接着就是對國民會議表示服從之最謙謹的聲明。那些閣員每在怯弱地想將總統的執拗處附會成合法的提案時，總好像他們是非本意地這樣做的，而是因爲他們的地位迫而使之作那些滑稽的提案，他們是預先亦見到這樣提案是無效果的。每在波拉帕特躱在其閣員的背後以隱晦他的意向，而誇示其所著之"拿破崙之思想"（Desidecs napoleoniennss）時，他的那些僕人們馬上就在國民會議的講壇上爲他隱諱。好像他稱帝的熱望得着的只是引他的敵人

— 77 —

惡意嘲笑的機會，他舉止就如一個那被世人稱為腦筋簡單的被誤解的天才者。從來沒有比在這個時候更被各階級所蔑視的。資產階級從不曾更無條件的執着支配權，更高慢的誇張其支配着的印量。

他們立法上的活動全史現在沒有叙述的必要。在這時期裏，重要的法律只有兩種是施行了的：一是賦稅法就是要恢復葡萄酒稅，一是敎育法是要劃除欺詐的。這樣雖使法國人民更感受飲酒的困難，他們却更充分的受實際生活的水的供給。雖然資產階級在恢復葡萄酒稅法中聲明陳腐的可惡的法國稅制是不可侵犯的，敎育法却是想保證那使稅制似乎是還好的之好感的繼續存在於民衆中的一個企圖。我們會驚奇地看見那歐耳林派，自由主義的資產階級，許久就是福祿特爾主義（Voltairism）及其折衷主義哲學的傳道者，却會將法國精神的法律委托給他們的傳統的仇敵，耶蘇會員。可是歐耳林派與君主立憲派在王位問題之敵對鬥爭上雖然是各異的，他們却感覺到為要獲得他們共同的政權，就必須結合那用於兩個不同的時代的壓迫手段——就是要以復古王政時代的壓迫手段補充和加強七月王朝的壓迫手段。

農民因為失去了一切的希望,一方面穀物價格的低落另方面擴大的租稅的和抵押債務的重担,使他們感受着從來未有的担負,他們於各縣中開始暴動。囘答着就來了一次對那些隸屬於僧侶的學校教師們的凌虐,一次對那些隸屬於縣長的市村長們的凌虐,和那一切人都隸屬著的一個偵探組織。在巴黎和其他大城市中,這個反動自身表現着那個時代的色彩,就是那常傾向着引起驚人的風波的。在農村中,這個反動成為微細的,凡庸的,卑劣的,疲憊的,苦悶的——總之,成為"憲兵式的"(Gendarme)。讀者一定很了解,這種由僧侶們的政權所批准的三年憲兵統治,不會不能瓦解掉那鄉村人口的幼稚羣衆。

秩序黨之猛烈攻擊少數派,在國民會議壇上無論用如何多的感情和如何多的飾辯,終只是像那些基督教徒一樣用着單調在話"是,是","非'非'"!在講壇上和報紙中都是一樣的單調語言。他們的發言尤如一個極無趣味的預先知道了答案的謎語。請願權乃至葡萄酒稅問題,出版自由乃至自由貿易,俱樂部乃至市政問題，個人自由的保障乃至國家度支的整理，不管我們談到的是什麼——同樣的標語不斷的反復的發出，題目是無變化的，判決常是準備好了的和一定不變的爲"社會主義"(Socialism)。甚至資產階級的自由主義，資產階級的教育，資產階級的財政改革都稱爲社會主義的。在運河既在的地方建築鐵路也是社會主義的，任何人被劍擊而要以手杖抵禦的也會稱爲社會主義者。

這不只是一個時髦的名詞，乃是比之政黨的策略更深進的東西。資產階級認識了他們所鍛練着以對付封建制度在一切武器，也會轉而對着自己：所創造的一切教育方法，是反對本身文明的叛逆者；所創立的一切神明脫離了他們。他們業已明瞭一切所謂公民的自由和進步的工具，都是對於其本階級的支配權的威脅，這支配權會在社會的基礎上，也在政治的尖端上，同時被攻擊着，就是說，他們已經變成"社會主義的"了。在威脅與攻擊中，資產階級看破了社會主義的祕密，他們是對的。所以，他們的了解社會主義的特徵和傾向，較之號稱社會主義者的人們所本身了解的更要多些。許多社會主義者不能了解資產階級對於社會主義為什麼置若罔聞：不管那是感傷人間困苦，或是以基督教徒的精神宣佈萬年的太平世界和友愛的普遍化；或是用着人道主義的形式妄談精神，文化，與自由；或是以學理的方式，計劃着一切階級的調和與幸福的方法。而資產階級之所以不能理解的，乃是他們自身的議會的統治，即其政治支配權也必然要落到那"社會主義的"的總罪名之下，是必然的結果。只要資產階級的政權還未完全組織好，還未獲得本身的純粹的政治形態，資產階級和別的階級的對立便不能表現其尖銳化。就其已經表現的而言，資產階級不能取那將轉變每個與國家權力的鬥爭成為與資本的鬥爭之危險的路徑。既然資產階級認為社會中活動的每個顯現，都是和平的危機，資產階級怎麼能希望在社會頂點上保持一種不穩的統治——他們本身的統治，或如他們的某辯護者所稱為的議會的統治，在鬥爭中和經過鬥爭生存呢？議會的統治依討論而生存，資產階級怎樣能夠禁止討論呢？每種利害，每種社會制度，在這裏都變化為普通的觀念,用思想的術語來說。那麼任何利害,或任何制度,怎樣能夠斷定去提高他自己到思想之上,使之為信誠之物呢?議會中講壇的論戰引起報紙的爭論;議會的討論必要以會客室和酒肆的討論來補充;不斷的訴諸民意的人民代表者就這樣對民眾願望之真實傾向的發表,給了一個辯護。議會的統治把一切事件委之多數的決定。那麼;什麼人會要禁止議會外的大多數的決定權呢? 如果奏曲者於國家的極峯上奏曲,我們必會希望下面的聽衆要跳舞麼?

　　當資產階級將以前稱為"自由主義的",現在誣陷之為"社會主義的"的時候,他們承認是他們本身的利益命令他們去避免自治的危險? 如果國家要恢復平靜,資產階級的議會必需首先要平靜;如果資產階級的社會權力要保持璧全,他們的政治權力必會消滅;如果資產階級像別的階級同樣的厄於政治的無力,每個資本家便只能從事榨取別的階級,也只能享受財產,家庭,宗教,和秩序的利益;如果資產階級要保持他們的錢袋,便必須放棄他們的後聲的陰謀,必須容許那曾經要保護了他們的劍垂在他們的頭

— 82 —

第四章

上，如像得謨克耳（Damocles）的劍一樣。（譯者按：相傳得謨克爾誤稱他的僭主 Dionysius 之安樂，僭主乃厚饗之，而以一髮懸劍垂於他的頭上，以示王位之決非安泰云。）

在總的資產階級的利益的統治時期中，國民會議極少有所作為。茲舉一例：如關於巴黎至亞威農（Paris-Avignon）鐵路的討論從一八五〇年冬開討論，至一八五一年十二月一日還未終結。除在施行壓迫時或在加強反動時以外，國民會議是患着不可救治的無作為性。

波拉帕特的內閣一部分時間是在忙着那帶着秩序黨精神的法律的創造；一部分時間，就這些法律實施而論，是用以打擊那最有力的一黨派的。同時，兒戲樣地笨拙的提案欲取得民眾的信仰，表明本身與國民會議間的對立，而暗示那如在適當的情形，他是可以將之顯示於法國民眾之前的那祕密財產——隱匿着的金銀——的所有權。提案之一就是加給候補的官吏兩辨士一日。另一個是創立工人借貸不要抵押品的一種的制度。金錢的授與條件優美的借貸——

這就是他希望誘惑羣衆的措置。金錢的援與，或金錢的"貸與"而不要担保！這是遊民無產階級（Slum Proletariat）——不管是穿着襤褸的或穿着華美而優良的衣服的——的財政學的全部。這就是波拉帕特所能懂得表示的唯一的動機。無論那個野心者從沒有更呆笨的態度去推測羣衆呆笨。

一再的國民會議的憤怒激昻地表現着，因爲這些取得民衆信仰的明顯的企圖是犧牲着他們的，又因爲鑑於危機之擴大，這所謂危機就是那個冒險者——爲其債款所激勵而不會因其任何已得名譽自抑的——或至於做出拼死的把戲。秩序黨與總統間的關係緊張得差不多達到破裂之點，突然的事變迫使波拉帕特後悔而再與秩序黨謀調和。我是說一八五〇年三月十日的補缺選舉，以補六月十三日的事件之後，國民會議因議員的入獄和流刑而發生空缺的。在巴黎，只有社會民主黨的候補者當選，實際上大部分的投票都是選舉一八四八年六月暴動者得夫諾特（Deflotte）(註八一)。這是巴黎的小資產階級與無產階級聯盟，報復一八四九年六月十三日的失敗。總似乎是,他們只在危險的當時不表現於戰場上,為的是在更順利的時候,以廣大的戰鬥力和很勇敢的吶喊再來鬥爭。這次選舉戰爭的危機似乎是加強了,因為駐巴黎的軍隊選舉了得夫諾特,而非波拉帕特的閣員拉赫特(Lahitte);就一般說來,各縣中也都是選舉山嶽黨員;就是在各省"山嶽黨員"雖然他們的勝利不是像在巴黎那樣壓迫敵人,但是在補缺選舉中也獲得了良好的成績。

波拉帕特忽然又被革命所困窘。如一八四九年一月二十九日及同年六月十三日一樣,他又在一八五〇年三月十日隱其形跡於秩序黨的背後了。他自己屈服了;他卑怯的謝罪;他應諾任命議會的多數派所贊成者任何閣員;他甚至哀求歐耳林派和君主立憲派的領袖們,(德耳土,班易,布樂伊(Broglie)(註八二),蒙勤(Molé)註八三)——一言以蔽之,即所謂城主們(Burgraves)(註八四))掌握國家樞要。秩序黨的黨員無能力利用一個永不再來的機會。他們不獨不勇敢的攫取贈與的政權,甚至不強迫波拉帕特恢復十二月一日罷免的內閣。他們因優容的寬恕了波拉帕特而羞辱着他，為感覺滿足，而更以白若希(Baroche)（註八五）加入杜普內閣。這位白若希，任檢察官時，曾一次對五月十五日的革命者，再次對六月十三日的民主主義者，在布爾基高等法院（High Court of Bourge）都表演過恐嚇與屠殺，這兩次慘案都是對於議會的神聖的侵犯。波拉帕特的閣員中從來沒有像白若希那樣熱烈的侮辱了國民會議的。一八五一年十二月二日政變以後，我們知道他愉快的就任着豐富地俸養為那元老院的副議長。他調過了革命者的肉羹，使之合於波拉帕特飲食的胃口。

社會民主黨好像是在極力防止那能減低自身的勝利的口實。斐德耳（Vidal），勝利的巴黎代議士之一，同時又在斯垣斯堡（Strasburg）當選。他卒被勸說而就任斯坦斯堡的議席。民主主義者在選舉場中對他們的勝利未給以確定的性質，（而圖因此強迫着秩序黨敏捷地在議會中對付這個問題，）又不在民衆的狂熱到了高度，軍隊中的情緒對他們的方面發生好感的時候，去與敵人鬭爭，却只是以三月和四月的新選舉運動使巴黎厭倦。在二次補缺選舉的時候，民

— 86 —

第四章

衆感情的激昂便低落了。革命的精力却消耗於憲法的成功，小的謀略，空洞的辯論，和虛妄的運動。資產階級便乘着這個時期集合他們的軍隊而準備行動。最後，三月選舉似是斐德耳選舉的一個傷感的和衰微的註釋。一言以蔽之，他們三月十日的選舉做了四月選舉的傀儡。

議會的多數派了解了反對黨的弱點。波拉帕特委攻擊的指揮與責任於秩序黨的手中，他們的十七位"城主"就於這時起草了一個新選舉法案。議案的提出是委於那貪圖虛榮的福雪(Faucher)(註入六)的。五月八日這個議案便提出於國民會議了。這個議案是要廢止普選法，課以居住三年的條件，特別是在工人階級選民的場合中，居住三年的證明必要取得產主的證明書。

在選舉戰爭時，民主主義者曾經激昂而騷動。現在，武器在握，應該嚴肅的利用他們的選舉的勝利時，他們本身就過於尊重立憲的形式。他們宣傳秩序，肅靜，極端合法，這個意義就是盲目的服從法律的形式表現着的反革命的意志。在討論中，山嶽黨使

— 87 —

秩序黨羞恥，因為在後者表示革命的情緒的時候，前者却採取那守法公民的無情緒的態度。甚至於新選舉的代議士，也以莊重的態度極力的表明那是怎樣的不對，去誹謗著他們為無政府主義的而認他們的當選就是革命的勝利。新選舉法於五月十三日通過，山嶽黨只作了一個抗議就算了。新選舉法之後，繼續通過一個新出版法（New Press Law），就將革命的刊物完全掃除掉了。這些刊物是該當得着這樣的命運的。在這次之後，兩個資產階級的機關報——"國民報"與"新聞報"（Presse）——殘存為革命的第一線的前哨。

民主主義的領袖們在三月和四月的時候，極力引巴黎的民衆於欺騙式的戰鬭中，而在五月八日却極力抑制巴黎的民衆作真實的戰鬭，這些我們都已看清了。我們却不要忘了一八五〇年是工業與商業最發達的一年，所以巴黎的無產階級完全有工作。但是一八五〇年五月三十一日的選舉法，拒絕了工人參與政權，削除了他們在鬭爭場中的足跡，又使他們成為賤民如像二月革命以前一樣。依這個事實看來，

第四章

他們在自願去受民主主義者的領導時，在他們暫時的興盛中，便忘記自已階級的革命利益時，他是放棄了那變成勝利的權威之尊榮，他們聽自已的命運了，他們是表示了一八四八年六月的失敗，使他們不適於此後許多年的鬥爭，而在此時期中他們的頭頂上歷史的過程將如舊時地進行着。在六月十三日，小資產階級民主主義者曾經宣稱："如果他們敢破壞普選制度，他們會懂得我們是怎樣的脚色的！"目前。他們安慰自已說，反革命的打擊不算一個打擊，五月十三日的法律不算一個法律。他們又預言過，在一八五二年五月二日，每個法國人必然一手執着選舉票一手執着劍來到選舉場。他們以這種預言來自慰。結果，如像一八四九年五月二十九日的選舉處罰了軍人們一樣，現在一八五〇年三月與四月的選舉也處罰了他們。這次軍人們自語着道："我們不會受革命第三次的欺騙"。

一八五〇年五月三十一日的法律乃是資產階級的政變。過去，資產階級對革命的勝利沒有不是暫時的性質的。每當那倘存的國民會議下台時，他們說要成為問題。他們是附屬於新的總選舉的機遇的；從一八四八年以來，選舉的歷史無疑的顯示了資產階級對於民衆的精神上的支配，較諸資產階級事實上的統治的發展是低落的。三月十日普選權的決定是反對資產階級的統治的。資產階級的囘答是去顯示著對普選權的輕視。所以五月三十一日的法律是階級鬥爭的必要條件之一。另一方面，在憲法上確定了共和國總統的選舉若未取得最低二百萬的票數，不能爲有效。如果總統的候選州都不能獲得此最低票數，國民會議便從票數最多的三個候選者選定總統。正當立憲會議通過這個法律的時候，有著一千萬選舉人登記於選舉名册。這就是說，那些選舉人的五分之一就能夠決定總統。五月三十一日的選舉法剝奪了至少三百萬投票者的選舉權，所以只有七百萬留在選舉名册上；但是總統的候選者決定他的總統的當選要取得至少二百萬的票數，這個條件仍然沒有變動。所以，必要的最低票數從五分之一差不多陞到三分之一的選民數，其結果是，總統的選舉之由國民會議決定較之由人民直接選舉法決定是愈益可能些。

— 90 —

秩序黨，由於五月三十一日的選舉法，好像必會更加鞏固其他位，因為國民會議的選舉與共和國總統的選舉兩者都落在所謂"與國家存亡有利害關係"的那些人的手中。

第 五 章

一八五〇年五月三十一日至一八五一年四月十一日

　　立憲共和國與立法會議：第三期，議會主義的資產階級與波拉帕特間的鬥爭——第一段（一八五〇年五月三十一日至一八五一年一月十二日）：議會之軍隊統治的喪失——第二段（一八五一年一月十二日至四月十一日）議會再建，對行政權力統治的企圖的失敗；秩序黨喪失掉獨裁的議會多數，而與共和主義及山嶽黨聯盟。

　　革命的危機——過去，普選權——廢止，國民會議與

第五章

波拉帕特間的鬥爭馬上又起。

憲法上確定總統的年俸為六〇〇,〇〇〇佛郎。迨波拉帕特就任後六個月,他的所得多於他的年俸二倍以上,因為白樂從立憲會議強奪年額六〇〇,〇〇〇佛郎的補助金作為"交際費"。六月十五日以後,波拉帕特暗示需要更多的補助費,但白樂置之不聞。現在,五月三十一日之後,他利用有利的機會而使他的內閣向國民會議要求給年俸三,〇〇〇,〇〇〇佛郎。他的長年放蕩的冒險生活使他獲得一些靈敏的觀察者,這個人使他能夠看出最好的刮錢機會。他慣用合法的"強請"(Chantage)。國民會議曾經因他的助力和同志侵害過人民的主權。現在,他聲言若國民會議不打開他們的錢袋每年給他三百萬佛郎,以買住他的口,便要將這個罪狀訴諸民眾的裁判。國民會議曾經奪去三百萬法國人民的選舉票。每有一個這樣地失去了時價的法國人,波拉帕特便每年要一個佛郎的現錢。他——六百萬人中的被選者——要補償着他被騙掉了的票數。國民會議的委員會拒絕了這個請求。波拉帕特派的報紙發恐嚇的言論。國民會議，正在明顯的而且確定的與羣衆分裂了的時候，敢於與總統破裂麼？年俸實實在在否决了，但是允許了給予二百一十六萬佛郎的特別補助費。國民會議旣供給波拉帕特的經費，而又表示極免强的允許，所以是表現了兩重的弱點。我們以後再研究波拉帕特把這些金錢作何用途。在普選權的廢止問題結束之中，波拉帕特在三月與四月危機時期的卑躬屈節的態度，已經轉變成爲强硬的面孔對待着簒奪的議會，此後國民會議决定從八月十一日至十一月十一日休會三月。在這休會期間，議會成立了一個常務委員會，由十八個委員組織之，這十八人中，雖然有極少數是温和的共和主義者，然而沒有一個是波拉帕特派。去年(按卽一八四九年——譯者)的常務委員會，完全爲秩序黨的黨員及波拉帕特派。當時，秩序黨自稱永久的反對革命。現在這議會制的共和國也自稱永久的反對這個總統，五月十三日法律通過之後，波拉帕特是對抗秩序黨的唯一的敵人。

一八五〇年十一月，議會再開會議時，看起來，似乎國民會議與總統之間，已非以前的小的爭論，現

第五章

在這兩個權力必然要發生一區無情的鬥爭——一個兩者各不相容的大鬥爭。

一八五〇年與一八四九年一樣，秩序黨在議會閉會期中，分離而成各小派，每個派別都對復辟為各自的陰謀而奔走。路易菲力浦之死給這些陰謀以更新的扶助。君主立憲派之王亨利第五，曾經正式的任命內閣，駐於巴黎，其閣員中有些是這個常務委員會的會員。所以波拉帕特的環遊於各縣是很對的。依照他所光臨的城市對於他的計劃信仰之大小，他多少坦白地暴露了他自己復辟計劃與懇求投票之意。在這些鬥爭——大的公開的"蒙利特"報與小的波拉帕特私人的"蒙利特"報都自然都會稱為勝利的進步——之中，他常是有"十二月十日會"(Society of December the Tenth) (註十七)的會員伴隨的。這個會起於一八四九年。巴黎的遊民無產階級，以設立慈善會為口實，組織秘密的會社。每個會社都在波拉帕特派的特派員的領導之下，而全部會社則由一個波拉帕特派的將軍指揮。與那些無一定生活方法的和來歷不明的破落戶並列的，與那些脫離了資產階級行列的腐化的冒險者並列的，還有那些遊手好閒者，退伍軍人，出獄的罪犯，由大划船中逃脫的隸奴，騙子，變戲法者，乞丐，扒手，魔術家，賭棍，皮條客，龜鴇，搬運夫，文人，奏手風琴者，拾破布紙屑者，磨刀匠，補鍋匠等等————一言以蔽之，就是那一切法國人總稱爲"波希米亞"(La Bohème)的，那些曖昧的，放蕩的，鞋穿襪破的，衣衫襤褸的烏合之衆。他們是路易波拉帕特的同類分子，就是由他們，波拉帕特才構成"十二月十日會"的實體。這眞是一個慈善會因爲牠的會員，就如波拉帕特自己一樣，都是活躍著那想剝削國家的工人以自肥的願望的。這個波拉帕特，自任爲遊民無產階級的領袖的，又發現那迫令他自己活動的一種集團的種種利益的；從各階級的排泄物，廢渣，和腐物中，認識了他可以無條件賴着使之擁護他的一階級的————這才是眞正的波拉帕特，"非形容的"(Saus Phrase)波拉帕特。他————一個老練的狡猾的放蕩者，認爲國民的歷史生活是一個喜劇，如這個字的最普通意味所示的；認爲國民的最重要行爲————國民的國家行爲，是一個"假面具跳舞會"，在

第五章

這個跳舞會裏鮮美的服裝，高調的言辭，和莊嚴的態度，都只是一個遊戲的假裝。例如，是在發生斯坦斯堡事件（見註十三——譯者）的時候，一個馴良的瑞士禿鷹（指路易波拉帕特——譯者）扮着拿破崙式的鷲（指拿破崙第一——譯者）。在他襲擊布倫（Boulogne 見註十三）的時候，他有一些馬弁是倫敦人而穿着法國的軍服；他們就代表着軍隊。在他的"十二月十日會"中，他糾合數約一萬的無賴漢和遊手好閒者，扮着民衆，猶之織匠斯魯格（Snug）之扮着獅子一樣。在資產階級自己正演着純粹的喜劇，但出諸十分莊嚴的態度，對法國舞台的拘迂觀念與以全份的敬意，而自身是被自己的公衆的行動一部分蒙蔽着而一部分覺醒着的時候，這些十分有備地扮演了那喜劇的冒險者是定會勝利的。他還沒有能戰勝他的赫弈的敵人之時，還沒有能開始顯出帝國的面目而自信帶着拿破崙的假面具就是眞正的拿破崙之時，他已成了他自身的幻想的犧牲品。還不到那時，他已經成了一個深思的無賴漢——這個無賴漢再不以歷史爲喜劇，而以自己的喜劇爲歷史了。國民工塲

(National Workshops)之於社會主義的勞動者,臨時動員軍(Garde Mobile)(見註三八)之於資產階級共和主義者,其關係卽猶之"十二月十日會"之於波拉帕特——他自己的黨派的鬬爭武力。在他巡狩時中,包含這個會的會員的部隊用火車運送着,去增加他的聽衆,表示"民衆"的熱烈,以高呼"皇帝萬歲"(Vive l'Emperur),而侮辱和打擊共和主義者(自然是得了警察的默許的)。他囘歸巴黎時,這些忠實的僕從必然爲前衛,以先期制止或破壞反對的示威運動。他的"十二月十日會"是他的創造品,他自己的思想的孩兒,他所獲得的別的東西是得之於環境的順利;他的別的行動是實際上由境遇爲他完成,除非願意倣效別人的行爲。但是這個昻然於公民之前的波拉帕特,由那些無賴漢和盜賊叢的祕密社會——那"擾亂,娼妓,及盜賊會"支持着使用着關於秩序,宗敎,家庭,與財產的慣例的名詞的,是一個創作家的波拉帕特。"十二月十日會"的歷史就是他自身的歷史。偶然的,甚至于國民會議中屬于秩序黨的議員也被"十二月十日會"的會員所杖擊。警察長揚因(Yon)被任爲

— 98 —

國民會議警衞長官的，根據探員亞拉（Alais）的報告，向常務委員會報告"十二月十日會"的某分部決定暗殺章加里將軍和國民會議議長杜萍(Dupin)（註八八）。暗殺人已經擇定了。杜萍先生的驚愕是很可以想像的。議會之調查"十二月十日會"似乎是不可避免的，而這個調查必然致于褻瀆波拉帕特主義的祕密會社的神聖。恰在國民會議開會之前，波拉帕特有遠慮的解散他的"會"。自然，解散只是在紙上施行了的。遲至一八五一年之尾期，警察總監加爾里作了一個詳細的報告，在那內面他徒然的主張着解散"十二月十日會"。

"十二月十日會"繼續爲波拉帕特私人的軍隊，直到他能把國家的軍隊轉變成爲一個"十二月十日會"爲止。他最初的對於這個目的企圖是在國民會議休會後不久，利用他從議會所強奪的金錢以行其計劃。他——一個宿命論者，確信有許多更高的權力沒有人，尤其沒有軍人能够抵抗的。在這些最有勢力的權力中，他認爲是雪茄煙，香賓酒，冷藏鷄鴨，和咖哩臘腸。這是他在他的伊利西宮室中款待無數的軍官和候補的軍官以雪茄煙，香檳酒，冷藏鷄鴨，和咖哩臘腸的原因。十月三日，於聖諾耳（Saint-Maur）閱兵式時，他再使用這個策略於全體士兵；十月十日，又於"撒多里"閱兵時，他更大規模的使用了同樣的策略。舅父囘想亞力山大（Alexander）（註八九）的小亞細亞遠征，外甥不忘白克斯（Bacchus）（註九十）在同地方的侵略軍。亞力山大只是一個半神，白克斯卻是一個神，尤其是"十二月十日會"的守護神。

十月三日閱兵之後，常務委員會召見陸軍大臣杜普。他誓言過以後不再違反軍規，如委員會所責難的。可是我們知道在十二月十日波拉帕特却會怎樣地表示過對杜普的誓言的尊重。章加里任着巴黎軍隊的總司令，參加過這兩次閱兵。他同時是常務委員會委員，國防軍的總司令，一月二十九日與六月十三日的"救星"，"社會的干城"，秩序黨的總統候選者，兩王朝的嫌疑的"和尙將軍"，他從來沒有自認屬於陸軍大臣。他常常公開的嘲笑共和主義的憲法，而且置波拉帕特在他的特殊的又是可疑的保護之下。現在，他表示熱誠的遵守紀律以反對陸軍大臣，表示忠

第五章

實的遵重憲法以反對波拉帕特。然而在十月十日一部分騎兵發出"拿破崙萬歲！""臘腸萬歲！"的口號。章加里便監視在他的朋友李墨伊(Neumayer)（註九一）指揮之下進行中的步兵，無論如何要守極端的沉默。杜普受波拉帕特的煽動，便藉口命令李墨伊爲十四及十五師團的師長，調他離開巴黎駐防地，以爲一種懲罰。李墨伊拒絕了這種地位的調換，而不得不提出辭職書。章加里方面，在十一月二日頒佈一個命令，禁止武裝的軍隊在這一天呼出政治的口號或作任何種類的政治示威運動。伊利西派的報紙攻擊章加里；而秩序黨的報紙便攻擊波拉帕特；常務委員會屢次舉行秘密會議，提出國家的危機的問題；軍隊顯出分化爲兩個敵對的營壘，有了兩個總參謀團，一是在波拉帕特的居所伊利西的，一是在章加里的防地特威諾里。好像只要國民會議的開會便能够引起戰爭。法國的民衆觀察波拉帕特與章加里間的傾軋與英國新聞記者取同一的眼光，他們描寫這個局面用著下列的話："治國政治的奴婢正在以舊箒掃去灼熱的革命的溶巖，而當從事於他們的職務時，又互相爭吵着"。

—— 101 ——

這時波拿帕特迅速的罷免了杜普的陸軍大臣，他被逐往阿爾基里亞（Algria），希遠蒙（Schramm）便繼任其職。十一月十二日，總統送一角文書於國民會議，內容是如美國式的冗長的，極端瑣細的，讚美秩序的，熱望言歸於好的，服從憲法的，協商一切的——就是世界上的任何事件除開目前的緊急問題（Questions brulantes）。似乎是偶然的，他說着，依照憲法上只有總統才有軍隊的指揮權。這個文書終結以誇大的誓約：

"最要者，法國需要和平……我依照我的誓約，遵守規定的狹隘的範圍。……就我自身而論，我是民衆所選舉的，而且我的權力也只是民衆受與的，我將常常服從民衆的合法地表示的意志。如果諸君在這次會議中決定修正憲法則行政權力的地位應由憲法會議決定。如果諸君不修正，那麼，民衆將於一八五二年（按即總統改選期——譯者）記錄他們的決議。但是不問將來如何解決，我們要融洽意見，使大國民的命運不是致被決定於感情，恐嚇，乃至暴力……就中比其餘更引起我的注意的，不是那誰人將在一八五二年統治法國的問題,而是我將如何極力好好地使用,尚留待我的時間以保證這過渡期間不發生煽動或暴動的那個問題。我已經坦白地披瀝曲衷,諸君應囘答我的坦白以信任我,諸君應以合作囘答我的有價值的努力,其他將由上帝行之。"

那資產階級的極可尊敬的,假溫和的,善良地平庸的語調,在"十二月十日會"的獨裁君主的口中,和聖謨耳及撤多里兩個地方的野餐會的英雄的口中,表現着其最深的意義。

秩序黨的城主們,對於總統的坦白披瀝衷曲信任的程度是沒有錯覺的。誓約,他們認為是老故事;他們有很多發偽誓的老手在他們的行列中。對於軍隊的提及,他們也並未疏忽掉。他們懷疑的感着波拉帕特的文書,在冗長的列舉最近通過的法律之中,却絕對不提及最重要的選舉法,而且宣言如果不修正憲法,一八五二年的總統選舉應在民衆的手中。選舉法乃是附在秩序黨的足上的鎖鏈,妨碍其黨員行動的束縛,而現在更突進妨碍他們了。加之,波拉帕特因"十二月十日會"的正式的解散和陸軍大臣杜普的免職，在自己手中犧牲了祖國祭壇上的祭羊。他使他自己避免了預期到了的衝突之震驚。總之，秩序黨眞實的希望避免，或者，至少是減弱和彌縫與行政權力的決然的衝突。在他們恐懼着或會失去他們對革命的征服之中，他們願意他們的敵人取去那勝利的軀殼。"最要者，法國需要和平"，這是秩序黨自二月革命以來向革命者的呼聲；也就是現在波拉帕特在其給秩序黨的文書中所堅決主張的"最要者，法國需要和平"。波拉帕特的行動是走向篡奪的路的階梯；但是秩序黨如果對這些行爲施以擾亂而且以神經過敏性的焦慮去考慮着，就是"妨害公共治安"。只要人們什麼都不提及聖多里的腊腸是無聲無臭的。"最要者，法國需要和平"，像這樣波拉帕特所需的是聽其從和平中爲所欲爲，反之議會中人却被兩重的恐怖所麻醉。他們很怕又引起革命的騷亂之魔鬼，也怕他們自己會被其後台老板資產階級視爲破壞和平者。既然法國無上的需要是和平，而且波拉帕特在他的文書中說及"和平"以後，秩序黨就沒有勇氣去答以"戰爭"。民衆們在國民會議再開會議時，就等待着騷亂的情景的。是失望了。反對黨提議將常務委員會對十月事件的詳情公佈，但是結果投票失敗。原則上，一切可以引起激動的辯論都避免了。在一八五〇年十一月及十二月間，國民會議的討論都是索然寡味。

然而最後到了十二月之末，關於議會的特權起了一個小的鬥爭。但是自從資產階級以普選法的廢止暫時防止了政治舞台的階級鬥爭以來，這個小的鬥爭陷爲兩種對抗的權力間各自特權的爭論的小陰謀。

對代議士謨幹曾經予以了一個負債的裁判。裁判長照會司法大臣路埃（Rouher）詢以這個案件如何施行，而路埃的答復是逮捕命令應立即發出。是以謨幹被關進了負債者監獄。這個消息即刻傳佈，國民會議中立起風波。議會不獨命令了即刻釋放囚人，並且遣該會的書記當晚從克里西獄中強迫釋放謨幹。可是私有財產不可侵犯的信仰必須保障，而在必要時將那些惹人厭惡的"山嶽黨人"置諸獄中的可能性必須保留着。所以國民會議就宣稱一個代議士得因債務而入獄，但要先得到議會的許可。可是議會却忘却了宣稱共和國大總統負債也得依法律逮捕入獄。就這樣，議會是將議會特權的最後痕跡結果掉了。

　　讀者應該記憶着，警察長楊因曾經據亞拉的報告，告發"十二月十日會"的一部分計劃暗殺杜普與章加里的事。在國民會議剛開會的時候，議會的財務官因這個事件提議着議會警衛隊的組織，用著議會本身的經費，而絕對不依附於警察總監。內務大臣白若希抗議着這是對他權限的侵犯。結果只是一個可憐的妥協，就是議會警衛隊的組織由議會本身的經費中支出經費，由其財務官負任免權，但是要先得內務大臣的同意。這時政府又以刑事罪名誣告亞拉，訴訟中發現了將亞拉的事實變成一種滑稽是很容易的；檢察官也就能將杜普，章加里，楊因甚至國民會議演成滑稽的模樣。因此十二月廿九日白若希致書於杜普要求免楊因之職。國民會議的委員會議決了要保持楊因的地位，但是國民會議（曾於謨幹事件因自己的暴亂而受驚過的，而且習慣於每在打擊行政權力一下時，就要領受兩下打擊的回敬）在全體會議中不肯通過這個決議。國民會議對楊因的忠誠與以

—— 106 ——

免職,而自己就失去了一種議會特權,那與一個不在夜間決定日間去實行,而在日間決定夜間去實行的一個人鬪爭所必不可缺少的特權。

我們旣巳看見,在十一月與十二月時國民會議(縱有激烈的挑戰)總是避免與行政權力衝突的。現在我們發見國民會議是被迫着去在小的事件上爭論着。在諛幹事件中,一個代議士因債務而被拘禁的原則是承認過了——但是祇適用於國民會議所憎惡的代議士。國民會議與司法大臣所爭辯的就是這種不名譽的事件。議會,不抓住那暗殺陰謀事件的機會,去堅持着必需調查"十二月十日會"的行爲,將波拉帕特爲巴黎遊民無產階級的領袖的眞象,給法國和歐洲的勞動者一個確實的曝露,却任權力的爭持降落到一種程度,就是什麽事件都沉入議會本身與內務大臣間警官任免的各自權限問題的狹猛的爭論。就這樣,秩序黨在這個全時期中,因其地位的曖昧,而在這些權限的爭奪中,在這些詭辯和咬文嚼字的把戲中,在這些權限的爭論中,就消失了他們與行政權力的鬪爭。這些無意義的形式問題,成了這個政黨行動的實質。在明顯的原則的問題發生時，在行政權力已經暴露着自己應受打擊的弱點時，乃至國民會議的問題就是國民的問題時，他們却不敢參加鬥爭了。這樣將是國民的出發令，而這個政黨所恐懼的却沒有更甚於國民自發的行動。所以這些時機中，其辦法是拋棄山嶽黨的提議而移入"下次議事日程"。爭論的問題像這樣縮小到不可想像的限度以後，行政權力方面就靜隱的等待着，直到再起一個無重要意義的問題的爭論的時候，而這發生的問題可以說總是只是議會的局部的利害的問題。一會兒，秩序黨却將那久已抑制着的憤怒爆發了，他們將布幕撕開了，彈劾總統，宣布共和國是在危急之中……但是現在他們的激情似乎是不相稱的。那對於這次風波所聲訴的動因却好似一個僞善的口實的樣子，或者似乎是一個無鬥爭價值的問題。大風波只是一個小爭論；鬥爭變成陰謀；大衝突只是一個無足道的笑柄。人民的各革命派別都注視著國民會議的屈辱，因爲他們對於議會特權的熱情對於公共的自由的熱情是同程度的。這時，議會外面的資產階級不了解議會內的資

產階級何以浪費時間於這些鎖細的爭論，而且因與**總統**作這樣的小競爭危及國家的和平。使他們更迷惑着的是那種策略，在人們希望鬥爭發動時却保持了和平，而全世界信為已經締結了和平時却又鬥爭着了。

十二月二十日，巴思克都普越（Pascal Duprat）以金條獎券（Gold Ingot Lottery）的消息詢問內務大臣。這個獎券乃是一個"伊里西的女兒"（Daughter of Elysium）(註九二)。波拉帕特及其忠實的僕從騰之入世，而警察總監加爾里使之在他的公開的保護之下，雖然除了以慈善為目的之獎券以外一切獎券都是違法的。此券共有七百萬張，每張一佛郎，其盈餘表面上說是專用於輸送巴黎的匪徒於加里佛尼亞（California）的。黃金的夢想驅逐了巴黎無產階級的社會主義的夢想。誘惑的頭獎希望從他們的意識中掃清了他們對"勞動然後得權利"的學說的思想。自然都會的工人被加里佛尼亞金條的光澤所迷惑，不曾認識到這些金條只是利用從他們自己的錢袋中搾取來的，走了色的佛郎製造的。而且，在大體上全事件是一個騙局。那些匪徒,欲在加里佛尼亞開採金鑛却不自己離開巴黎的,就是波拉帕特本身及其會議桌上的債務破產者們。國民會議議定的三百萬業已蕩盡,金庫必須設法再充實。波拉帕特提議的為所謂"勞動者居所"的落成而舉行一個國民的募捐,結果是無效。雖然總統於捐册之首書以整數的鉅款,資產階級却都是無情而客嗇的。他們要慎重的觀望他們能否希望攫取任何物件,既是沒有這種物件的希望時,西班牙的社會主義的空中樓閣就馬上傾覆。但金條獎券證明是比較有引誘力的。波拉帕特公司不以騙取盈餘之款,那七百萬佛郎分配於雙金中的金條價值之差額之一部,為滿足。他們製造偽券,同號的獎券發出至十張,十五張,甚至二十張之多。這種財政的把戲與"十二月十日會"的精神是十分一致的!在這一件事上國民會議被對抗着的不是共和國的偽總統,而是赤裸裸的波拉帕特。這時議會可以當面就抓住他;可以不用憲法而以刑法來鬬爭。如果在都普越要求調查的時候,他們以移作"下次議事日程"對之,這就不只是因為基諾丁宣稱的議會"滿足"的提

第五章

議引起了秩序黨對於自身系統的腐敗的回憶。資產階級，尤其在被捧為政治家時，他像站在他面前的政府一樣，變成了一個超等的生物，是只能以一個超等的，以一個極崇高的樣子去攻擊着的。

波拉帕特，是一個波希米亞者，一個帝王性的遊民無產者，他之較把握不定的資產階級分子優勝，因為他對於他所使用的方法毫不困於猶豫。議會自己旣然引導了他渡過軍時宴會，閱兵，"十二月十日會"，以及違反刑法的不穩的局面，他便看到了從表面上的防禦形勢變到坦然的進攻之時機的到來。至於這時司法大臣，陸軍大臣，海軍大臣，財政大臣所遭受的小的失敗——在這些衝突中國民會議曾表示其不滿——他殊不以為意。但被引咎的閣員的辭職則是議會的超越行政權力之承認，所以他決不允許他們辭職。更進一步，他着手完成了在國民會議暑期休會時就已開始的工作——強奪議會手中的軍事權力。這由著名的章加里免職而可見。

伊里西派的一個機關報刊佈一個命令謂係上月正月發出的。這個命令明顯的是對第一師團而發的。

— 111 —

而因此章加里必定是這個命令中的負責者。命令的內容是勸告軍官,在如果發生叛變時,不要寬恕各自隊伍中的叛變者。動搖的軍官要立卽槍殺。國民會議如要求軍隊,應予以拒絕。一八五一年一月三日,責問這次命令的文書送達內閣。內閣答復謂需與以時間去調查事實,最先要求三月,其次一星期,最後二十四小時。議會主張立卽說明。章加里起而宣稱沒有頒佈這樣的命令。他又附加的說,國民會議的要求他常常是迅速地履行的,而且在鬥爭的期間,議會可以信托他的忠實。這個聲明獲得了雷動的掌聲,而且全體投信任的投票。議會這樣的宣佈軍隊的萬能而置本身於一個將軍私人的保護之下,無異於議會禪位。但是章加里在他給他自己,而非給波拉帕特,以那必需由波拉帕特的費用支持着的權力時,是錯誤了;而明知議會需要他的保護時,却去望議會保護他,也是錯誤的。然而章加里却始終信賴一八四九年正月二十九日以來資產階級所賦與他的一個神祕的力量。他自信為一個第三權力,至少是與兩個的權力同等(議會與政府)的第三權力。他的命運就是這個時期的一切英雄甚至聖人的命運。他們的偉大依賴於輿論，依賴於他們政黨的別的黨員的自私的希望——這些黨員是期賴他們完成偉大的事業的。但在環境需要為那期望的偉業而努力的時候，他們便退縮而為平庸的了。這些號稱英雄的，在實體上與聖人沒有分別的人，不信心就是他們的致命傷。這就是他們之所以在那些冷酷的才子與嘲笑者的面前表演了那樣多的良心上的激憤的原因。

同日晚，閣員被召往伊里西。波拉帕特主張罷免章加里之職。有五個閣員表示抗議，"蒙特利"報戴稱一個內閣的危機的消息，而秩序黨要組織一個議會的軍隊由章加里指揮。依照憲法的條文，這是許可的。議會只需選舉章加里為議長，而要求為本身安全計所必要的任何軍事力量。這個辦法好像更是可行的，若一觀察章加里仍是軍隊的指揮官和巴黎國防軍的司令，而且是只在期待着對於他的和軍隊的服務的要求 波拉帕特的報紙，還未敢否認國民會議要求軍隊的權利。在這種環境中，這樣的懷着合法的顧慮的這種事實，可以說是暗示着波拉帕特尚是懷疑

— 113 —

於他們的成功的命運的。軍隊也許會服從了國民會議的命令，因為波拉帕特在能獲得兩個將軍（巴拉格狄伊 Baraguay-d'Helliers 與聖沙達佐尼 Saint-Jean d'Angely）願副署於章加里免職令之前，必須將巴黎蒙蔽一整星期。然而所可疑的是秩序黨未必能取得擁護這樣的一個提案的議會的多數投票。僅僅一星期後，有二百八十六反對票，而一八五一年十二月，在決定的最後瞬間，山嶽黨仍是斷然的反對這個提議的。然而那也還是有可能的，作為最後一著，城主們也可能激勵著他們的隨員便在槍林彈雨中具著鎮靜而勇敢的決心，去接受那脫離到他們方面的軍隊中的服務的，但是這些寶貝的城主們，於一月六日之夜，卻親往伊里西，希望說服波拉帕特，因為策略的原因，不做出罷免章加里的行為。當我們欲說服任何人的時候，我們便是承認了他是當時局勢的主人翁。一月十二日，波拉帕特為城主們的失著行為所鼓舞，任命了一個新內閣，前任內閣的領袖福離得和白樂仍留為閣員，聖沙達佐尼為陸軍大臣。"蒙利特"報宣稱了章加里免職，等一師團的指揮授與巴拉格狄

第五章

伊,國防軍的指揮權授與培羅。於是這個"社會的干城"被撤去了;而且,雖然沒有什麼紀錄說過這件事曾經使某屋瓦墜落過,但是股票市場的市價却是繼之而上騰了的。

那軍隊曾經經章加里而置於秩序黨揮指之下。要求軍隊的提議的被拒絕是一個不可挽囘的對總統的屈服,因此秩序黨宣佈資產階級失却了其統治的使命。就是在此次以前,議會就已經停止使用對內閣的任何支配權。現在秩序黨更失去其軍隊及國防軍的支配力,他們還有什麼權力去厲行議會對民衆的專擅的權威,以及議會對總統的憲法所賦與的權威呢?完全沒有了!所殘餘的一切只是一個無武力支持着的原則上的聲訴,這些原則是他們自己常常解釋爲只是一種概則,而是他們對別人規定着以獲取本身更自由的活動的。因章加里的免職,因最高軍事權轉移到波拉帕特之手,完結了我們現在所研究的這個時期的第一期,即秩序黨與行政權力間的鬥爭的時期閉幕了。宣戰了,鬥爭戰了公開的了,——但不是到了秩序黨喪失了武器和軍隊的時候才發生。沒

— 115 —

有內閣,沒有武力,沒有輿論來擁護他們;從五月十三日選舉法通過以來,沒有握主權的人民代表者;"無眼,無耳,無齒,無一切"——國民會議漸次變成舊時的法國議會,不得不把一切創造力讓與政府,而且只能事後咆哮着無益的抗議。

秩序黨以激憤的狂瀾接受新內閣。彼都將軍提及前次國民會議休會期間的常務委員會的謹慎的態度,及其禁止發表記錄的過甚的顧慮。內務大臣進而主張發表這些記錄。自然他們這時已成為如溝中之水一樣的陳腐。他們曝露不出新事實,而對於厭倦的民衆沒有什麼影響。由勒蒙賽(Remusat)的提案,國民會議退在開委員會,組織一個"非常處置委員會"(Committee for Exhaodinary Measures)但是巴黎很不像會離開牠的常軌,因為這時商業很發達。工廠整日在製造;穀價低廉;食物豐富,而人民將金錢存入儲蓄銀行中。議會大聲急呼地宣佈的"非常處置",於一月十八日失敗於內閣不信任案,完全沒有提及章加里將軍。秩序黨為欲取得共和主義者的援助,迫而以這個負責任的樣子構成其提案。章加里的免職

第五章

正是這個，唯一的一個共和主義者認可的內閣的行為。在另一方面，秩序黨不能再非難內閣別的行動，因為是牠自己指揮他們的。

內閣不信任案以四一五票對二八六票通過，其多數票是由君主立憲派和歐耳林派與純共和主義者和山嶽黨聯合組織的。這次投票表示秩序黨喪失了比其對內閣和軍隊的支配力而更多的東西。在與波拉帕特的鬥爭中，他們又失去了他們的獨立的議會的多數。許多的代議士都離開他們的陣營，這些背叛者受種種動機的刺激：協調的熱望，鬥爭的恐怖，倦怠，家族的關係，一個內閣職位的期望（白樂）；還有些，絕對的利己主義，因為通常的資產階級常是傾向於犧牲本階級的全體的利益以達到自己的目的。無論何時，波拉帕特派的議員，只在極有限度的範圍以內，擁護過秩序黨，以為對革命的障壁。天主教派的領袖曼達藍伯（Montalembert）（註九三），他懷疑君主立憲派和歐耳林派之議會統治的穩定性，已把自己的勢力參入了波拉帕特特派中。最後，秩序黨的領袖（歐耳林派的）德耳士（君主立憲派的）班晃不得不自

— 117 —

陳對共和主義的信仰，不得不自陳，雖然他們的心情是王黨主義，而他們的頭腦是共和主義的；不得不自陳他們的議會制的共和國在那時是資產階級聯合政權的唯一可能的形式。所以在議會背後的時候，他們不出不撓的繼續作各自的復辟的陰謀，當着資產階級的眼前，他們就被強迫着宣稱歐耳林派的和君主立憲派的活動是危險而愚蠢的陰謀。

一八五一年一月十八日的決議案就是內閣不信任案；這個議案沒有提及總統。但是章加里的免職是總統的所爲，並不是內閣的所爲。秩序黨要對波拉帕特本人提出彈劾案麼？以他的波拉帕特派的帝政復辟的計劃爲由麼？這些只不過是他們本身的君主立憲派和歐耳林派的計劃的補充罷了！因爲他的閱兵式和"十二月十日會"的行動證明了他的叛亂的活動麼？這些事件已經埋藏於議事日程很久了！因爲一八九四年一月廿九日和六月十三日的英雄的免職，因爲那曾於一八五〇年五月在一個暴動事件中，幾使巴黎騷亂的那人被免職麼？他們的同盟者山嶽黨和加汛尼克決不允許他們一個公開的哀悼議案如是的

— 118 —

第五章

安慰這個墜落了的"社會的干城"！他們不能否認總統之憲法的罷免一個將軍的權利。他們的憤怒是因為他用了一個非議會的方法行使着他的憲法上的權利的事體。但是他們在他們自己一方面沒有行使其議會的特權於非憲法的方法——特別是對於普選權廢止事件麼？所以現在保守在規定的議會行動以內乃是他們責無旁貸的了。從一八四八年以來，有一種流行於全歐洲大陸的一種病症，可以說是"議會的衰弱"（Parliamentary imbecility）。那些被這個病傳染者生活於他們自己構造的想像的世界，同時沒有眼睛去看和耳朵去聽，也沒有記憶或了解，那粗野的外界。秩序黨的黨員會繼續認他們議會的勝利（雖然在與別的階級鬥爭中曾被迫而以自己的手毀壞議會權力的基礎），乃是眞實的勝利，也會自信是打擊總統，當他們打擊了他的內閣的時候，這就是患着議會衰弱病的人們的特性。實際上，他們只是於國民的眼前授與他一個新的侮辱議會的機會。一月二十日"蒙利特"報稱內閣全體停職。波拉帕特宣言一月十八日的投票（山嶽黨與王黨間的聯合的工作）是證明現在沒有一個政黨能在議會中指使一個多數派。以此為口實，且在明顯的多數派尚未出現以前，他任命了一個所謂過渡內閣。新閣員沒有一個是國民會議的議員。他們都是些書記和祕書，只是一些無名小卒。秩序黨是可以盡其精力與這些傀儡周旋的。行政權力不再認他們值得為眞實的代表國民會議者了。旣然波拉帕特的閣員都是些無用的東西，他便更容易把一切政府權力明顯地集中於他的手中，更容易利用這些權力以達其自己的目的。

秩序黨與山嶽黨同盟，以否決一百八十萬佛郎的總統補助費為報復；此補助費是"十二月十日會"的領袖會強迫其夾袋中的閣員們對議會要求的。這一次這個多數派已由一一五票降到一〇二票，同時由聯盟所領導的總票數，比之一月十八日時代表了二十七票。秩序黨的瓦解是在進行中了。正在這個時候，秩序黨因為恐怕會發生對於與山嶽黨聯盟的意義的誤解，輕侮地拒絕了考慮那已由一八九山嶽黨員署名的全般大赦政治犯的提案。內務大臣魏思(Vaiss)謂公衆的表面的和平是不足為憑的；一個大規模的煽亂正在祕密進行；祕密的會社正在各處組織；民主主義的報紙正在準備恢復出版？各縣的報告都是不利的；日內瓦的亡命者經里昂在法國南方全部正在作叛亂的活動；一個工業與商業的恐慌逼近了；勞巴士市（Roubaix）的工場勞動時間縮短了；布利爾島（Belle-ile）的囚犯已經起來暴動；如此等等。這就已夠魏恩使"赤魔"的鎖鍊響亮着了，而秩序黨就願意不加討論的放棄那可以使國民會議非常得人民信仰，而使波拉帕特必然要求妥協的一個議案。秩序黨若不願被行政權力以新的騷亂光景恐嚇住，則寧稍留階級鬭爭的餘地為妙，因為這樣將使行政權力重新依賴着議會。可是秩序黨的黨員都覺得不堪勝任這用熱情的工作！

　　這個所謂過渡內閣，牠的生命一直存續到二月的中旬。這時波拉帕特以不斷的組合新內閣的計劃，繼續地疲倦着而且愚弄着國民會議。他時而說共和派的內閣要以拉馬丁（Lamartine）(註九四)和比諾（Pillaut）(註九五)為其領袖人物；時而說議會的內閣的閣員要包含那個不可避免的白樂——他的名姓在需要一個易欺者的時候，一定的要出現的；時而說君主立憲派的內閣，沃底麥里（Vatimesnil）(註九六)和波瓦德基（Banoist-d'Azy）(註九七)要爲其中的大臣；時而說歐耳林派的內閣，必要墨菲爾（Malleville）(註九八)參加。由這樣引起了秩序黨各派的衝突，而以一個共和的內閣恐嚇了他們（因爲這將使普選制復活）時，他就在資產階級間引起一種信心，會以爲他的創立議會性內閣的誠意是被王黨各派的不妥協性所耽誤了的。結果資產階級就更大聲急呼的要求一個"健強的政府"。在蔓延的商業恐慌逼近了，城市中將引起社會主義運動的興起，就如，在農村中穀物價格的疲敝的低落將引起這種運動一樣，的時候，而法蘭西竟至於"無政府"，這是更加不可寬恕的。商業日益更行不振；失業者大量的增加；在巴黎至少有十萬人失業；路昂，孟耳豪士，里昂，魯貝，圖耳康，聖德田，尼埔，等等地方的無數的工廠都停了工。在這種環境，波拉帕特還能於四月十一日恢復一月十八日之內閣。魯埃，福爾得，白樂等等，還加以福雪以增其勢；這位福雪，曾於立憲會議末期，以其散佈僞電訊，

第五章

立憲會議滿場一致投過不信任票的。所以一月十八日國民會議對罷免內閣是獲得了勝利的；而且曾繼續在此後的三個月與波拉帕特鬪爭過的；可是在最後，其結果只是福爾得與白樂能於四月十一日取用清教徒福雪，為其內閣的第三同盟者。

一八四九年的十一月，波拉帕特自足於非議會性的內閣；一八五一年一月，他任命了一個超議會的內閣；現在於一八五一年四月十一日，覺得自己是力足以組織一個反議會的內閣，這次內閣和諧地結合了兩個議會，立憲會議與立法會議，卽是共和主義的議會與王黨的議會的不信任投票。這些依次排成的內閣，構成議會可以計算其體溫的降落的寒暑表。四月尾，溫度降落到那樣的低，以致帕希尼（Persigny）（註九九）於會見章加里之時，勸請這位將軍投到波拉帕特的陣營中來。帕希尼說，波拉帕特視為國民會議的勢力是完全破壞了的。那個預備在政變後發表的佈告是已經起草了的——那政變是時常圖謀着的，但是一會兒又不料地作罷了的。章加里通知了秩序黨的領袖，謂執行死刑的命令業已簽字，——但是誰

— 123 —

相信一個臭虫的咬齧能致人於死命呢？議會，雖然受猛烈的打擊，雖然受傷，雖然因傷致死，却不能使自已認清與"十二月十日會"的奇怪的領袖決鬭是較之與臭虫決鬭更有意義些。但是波拉帕特答復秩序黨的，就如亞基西勞士（Agesilaus）(註一百) 末次答復埃基士王（King Agis）(註一〇一) 的一樣：

"你看我好像一個蟻，但是某一天我要變成一個獅"。

第 六 章

一八五一年四月十一日至十二月二日

立憲共和國致立法會議:第三期,議會主義的資產階級與波拉帕特間的鬥爭(續前)——第三段(一八五一年四月十一日至十月九日):憲法修正,歐耳林派與君主立憲派的合併,波拉帕特之第二次總統任期等衝突性的企圖;秩序黨破裂——第四段(一八五一年十月九日至十二月二日):議會與行政權力的破裂;政變:波拉帕特的勝利與議會政治之了結。

秩序黨,在努力保持其軍隊的指揮權,恢復其行政權力的支配權而無結果的時候,曾經宣佈與山嶽黨及純共和主義者組織同盟。這是他們喪失了他們獨立的議會多數的一個絕對的證明。只曆書的力，只時鐘之針的移動，在一八五一年五月二十九日就出現了他們解體的信號。在這一天，國民會議開始牠的生命的第三年和最後一年。現在牠必要在目前形勢的繼續和憲法的修正之間取決一條路。但是憲法的修正所含的意義，不僅是資產階級政權與小資產階級民主政權間的選擇，不僅是民主主義與無產階級的無政府主義間的選擇，不僅是議會制共和國和波拉帕特間的選擇，而且是歐耳林王族和波耳布王族間的選擇的意味。這就是將失和的果拋進議會中去，是將那分裂秩序黨成為敵對的各派種種利害的衝突強迫的公開出來了。秩序黨是異質的社會成分的積合體。修正問題一經發生，政治的溫度便陞到一個高溫，在這個高溫化合物便分解而成了牠的一些原素。

波拉帕特派對修正問題的利害是一個單純的，他們的主要問題，就是憲法第四十五條的廢止，那一條是禁止總統的二次連任的。共和主義者的立場也

第六章

似乎同等的單純。他們認爲修正憲法是一個對共和國的複雜的陰謀,所以無條件的反對。他們在國民會議中支配着四分之一以上的票權。依照憲法的條文,修正案不能成立,不能召集修正會議,除非有四分之三以上的到會的議員的同意的投票。只要計算人數,便使他們確信他們能夠有成效地反對修正的提案。

秩序黨,看見了這些尖銳而明顯的反對者,知道本身捲入無希望的矛盾中。如果放棄了修正提案的計劃,目前的地位必然危險,因爲波拉帕特將只有訴諸武力之一途。其結果,一八五二年五月二日,在決議的瞬間,因爲總統喪失了他的權威,因爲議會久已沒有任何權威,同時因爲民衆要恢復權威,法國將陷爲革命的無政府狀態的俘虜。如果秩序黨的代議士投票贊成修正案,他們的投票必然是無效的,縱令他們忠誠的擁護憲法。共和主義者的否認不然是不能制勝他的。如果他們要非憲法地做着,認爲只能得着一個單純多數票就夠了,只有以無條件地投降行政權力的方法控制着革命。但是這樣必然把波拉帕特造或憲法的,修正案的乃至他們自巳的支配者。一個

— 127 —

部分的修正，一個總統任期的延長，必然為帝位僭篡開闢重路。一般的修正，將致縮短共和國生命的，必然引起敵對的王位要求者之間的不可避免的衝突。波耳布派復辟的條件與歐耳林派復辟的條件，不僅是不同，且是互相排斥的，

議會制的共和國不只是兩派法國資產階級——卽君主立憲派與歐耳林派，亦卽大地主與工業家——能夠以相等條件併存的中立地。這是他們共同統治的必要的先決條件，是那唯一的國家形態，使他們共同階級利益能夠支配他們各個部分的要求，同時更能支配一切社會的階級的。站在王黨的地位，他們又必然恢復他們的舊的衝突，就是再發生地產與貨幣之間的優越的鬥爭。這些各個王位僭望者——各個王朝——是這個衝突的最高表現，這個衝突的化身。這就是秩序黨之所以眞正地反對波耳布王族之召囘的原因。

在一八四九年，一八五〇年，和一八五一年中，歐耳林派的代議士克魯坦（Creton）曾屢次提議發止王室放逐命令。每次，議會都使世人知道那一羣王

黨之決然關閉門戶以防止他們的被逐放的王的回國。在莎士比亞的戲曲中，理查第三對安因(Anne)談及謀殺亨利第六的事，他說他送這個王到天國去，因爲亨利之"在那地方較之在地球上是更好些"。反之，秩序黨的黨員却宣告法蘭西沒有適當的地方爲牠的帝王們居住！依境遇之力，他們已經變成共和主義者，而且漸漸的他們承認逐放諸王於法國之外的人民的決議，憲法的修正，雖然形勢上是必然的，可是必然發生共和國的存在與資產階級兩派的共同統治的兩種問題。王政復辟的可能性一經出現，必然會恢復兩派所代表的利益的鬪爭，同時又要發生不可避免的優越權的鬪爭。秩序黨的外交家希望以諸王黨與兩王朝的合倂而防止鬪爭。但是議會制共和國是復古王政與七月王朝之現實的合體，因爲，在這共和國中，歐耳林派與君主立憲派的色彩被抹殺了；在這共和國中，資產階級種類的分別消滅了，同時一個總統的無差別的資產階級政權出現了。然而，現在歐耳林派要變成君主立憲派，同時君主立憲派要變成歐耳林派。王政——他們的矛盾的化身，要實現他們的統一；他們各派的部分利益的表現要成為他們共同的階級利益的表現；王政所做的只是共和國（兩王政的廢止）所已經做的和能夠做的。這就是點金石，而秩序黨的笨伯正在絞盡他們的頭腦以發現這個東西。希望君主立憲派的王政能夠變成工業資產階級的王政，或資產階級的王政變成世代相傳的地主的王政，這是何等的空想！在王冠必定要帶在兄或弟的頭上時，希望地主和工業家能夠像兄弟一樣的共同站在王政的進程上，這是何等的空想！以為到了地主們決心了他可以成為工業家的時候，會為工業能夠與地主的利益妥協，這是何等的荒謬！假定亨利第五是死於翌日，則不能把巴黎伯（Court of Paris）(註一〇二)造成君主立憲派的王，除非他不是歐耳林派的王。但是倡合併論的哲學家們（他們按照憲法修正問題接近戰線的程度而更大聲疾呼；他們已經創立"國民會議"日報 Assemblee Nationale 為其機關報，發表下面的言論的時候，他們還正在努力他們的工作。）說明一切的困難都是起於兩王朝的敵對。調和歐耳林王室與亨利第五的計劃，如像一般的王政的陰謀一樣，只進行於國民會議休會期間；非正式而且在黑幕中進行；好似一個帶着舊迷信的感傷的獻媚，而非眞熱誠的行爲。然而現在合併的工作爲現在秩序黨的一個主要的目的。這是在公開舞場上扮演的，而非僅僅的私處的演劇。信使急馳，從巴黎傳到威尼思，從威尼思傳到克拉越門王宮，又從克拉越門王宮囘到巴黎。秦波耳伯爵（參看註七五）發表一個宣言，內稱"以我的家族全人員來完成"的不是他自己的復辟，而是"國民的"王政復古。歐耳林派的塞爾汎底（Salvandy）（註一〇三）拜倒享利第五的足下；君主立憲派的領袖們班易，波瓦德基，與聖普利士（Saint-Priest）註一〇四 都去克拉越門王宮晉謁，徒然的希望能勸告歐耳林王室的諸要人。合併主義者之認識資產階級兩派的利益，於家族的利益形態如兩王室的利益極端化時，旣不會失去其獨占性，又不會受軟化之一點，是太遲了。如果享利第五承認巴黎伯爵爲王位繼承者（這是合併主義者其能希望的最好的現象），則歐耳林王室，曾以享利第五無嗣而尙未獲得之精神上的權利，現在必更遭失敗，而且必然喪失其

— 131 —

七月革命於(July revolution)註一〇五所奪取的一切特權。這個王室必致放棄其初時的權利，這種權利，歐耳林王室曾經過將及百年的鬥爭從波耳布王室的舊支派奪取來的；必致被欺而奪去其歷史的特權——世襲的特權。以此，合併問題必然是歐耳林王室的自動的禪讓，也就是君主立憲派放棄這個王室，也就是從耶穌教的國家教堂囘到天主教的後悔式的退步。亦且，這個後悔必然不使歐耳林王室再設王座於失去的王位上，而必然只是使歐耳林王室退到王位的階下——那過去歐耳林王室產生的地方。基佐，杜卡特耳(Duchatel)註一〇六以及其他歐耳林派的舊閣員，當其急去晋謁克拉越門欲貢獻合併的意見的時候，其實所陳述的不過是七月革命後的次晨頭痛症，就是對於資產階級的王政和資產階級的統治的失望，以及迷信君主立憲派的成功是對無政府主義的最後的護符。他們自以為是歐耳林王室與波耳布王室的調和者，而實際上只是歐耳林派的叛徒，而姜菲爾太子(Joinville)註一〇七接待着他們，也是當他們為叛徒的。德爾士，貝芝(Baze)註一〇八等等勇敢而好戰的歐耳林派知道，要使路易菲力浦王族確信，旣然馬上實行復辟必要合併兩王朝，而且這個合併就是暗示歐耳林王室的放棄王位，照祖先的傳說，那麼，暫時承認共和國，而等待那能夠轉變總統的座位成爲王位之時機的到來，將是頗合於這一族的傳家祕訣的——那是比較容易的。姜菲耳之候補資格的可能性成了一種流行討論的問題；民衆的好奇心總是弄得緊張着；而數月之後，九月間，在修正案被否決時，這個候補資格更正式地宣布了。

歐耳林派與君主立憲派兩王朝合併的企圖就是這樣的失敗了，而這種企圖更進一步的，終止了兩派議會的合併，破裂了秩序黨而成爲原始小派別。但克拉越門與威尼斯間之分離愈劇烈，合併計劃的可能性將愈困難，同時姜菲耳的煽動勢力將愈擴大，則福害，波拉帕特內閣，與君主立憲派之間的妥協運動將愈活動而熱烈。

秩序黨的瓦解不只是一個單純的分裂成爲原始的各派。此政黨的兩大派各個更進而分化。在君主立憲派裏，同時也在歐耳林派裏，種種形式的意見都曾

— 133 —

繼續存在着，但是都曾在各自的黨派中妥協過了。現在這些腹內的種種差異又復活了——很像那乾了的織毛蟲，當其再接觸着到水的時候，重新呈現着生活力，而馬上起着分解作用。君主立憲派弄得回想着特威諾里派與馬爾山派（Marsan）（註一〇九）之間的爭論，菲勒（參看註一〇九）與波里依克（同上參看）之間的爭辯。代歐耳林派方面則回想到基佐，布樂伊，德耳士，與百樂之間的鬥爭的黃金時代。

一部份的秩序黨渴望修正憲法，但是對於所希望的修正的限度又不一致了。在這一部分中的修正派有的順從班易和斐魯的領導，有的順從拉諾西思可倫（La Rocaejaque'ei）（註一一〇）的領導。而歐耳林派（疲於鬥爭）却在蒙勒，布樂伊，曼達藍伯，與白樂領導之下。這些部分現在與波拉帕特派聯盟，起草一個模糊而不正確的協定，其文如下：

"下面的署名者，其目的是要將全部統治權的執行權交還國民的，提出憲法修正案。"

同時，這一派，由其代表者托克斐爾（Tocqueve.le）（註一一一）宣言國民會議無提議共和國的廢止案之權限，這個權限應保留於特別憲法會議。亦且憲法只能以"合法的"方法修正，就是必需國民會議四分之三以上的投票的議決才能修正。經過六天劇烈的辯論之後，於七月十九日修正案（如所豫料的）被否決了；因為修正投票只四四六票，而反對有二七八票。堅決的歐耳林派德爾士，章加里等等是與共和主義者及山嶽黨投同意票的。

因此，議會多數議員是表現了不滿於現行的憲法的；但是依照憲法的條文，少數派的意見擁護着憲法也就有着束縛的力量。秩序黨於一八五〇年五月三十一日乃至一八四九年六月十三日沒有使憲法由議會的多數派擺布麼？秩序黨的全部政策直到現在還沒有超於使憲法的條文由議會的多數派擺布麼？秩序黨沒有把對於法律的文字迷信似的遵守留給民主主義者麼？同時他們沒有懲治民主主義者的這種遵守麼？然而在這時，憲法修正的意義只是總統權力的永續，同時現行憲法的永續的意義只是波拉帕特的免職。議會的多數表示贊成波拉帕特的意思，而憲法却表示反對議會的意志。所以，波拉帕特，在他撕破憲法的時候，却依照憲法的精神而行動。

議會曾經宣布憲法與議會自身的支配權同是"在多數派的權限之外"。依議會的決議，則是停止了憲法，延長了總統的權力；而同時又是宣布前者不得廢除，後者雖然其本身是繼續存在着却不可存在。欲埋葬議會的人已經立在其門前。在議會討論修正問題的時候，波拉帕特免去態度不明的巴利基根尼(Baraguay-d'Hilliers)將軍之第一師團的司令職。而以麥格南(Magnan)（註一一二）將軍繼任，他是里昂暴動的戰勝者，十二月事變(December days)（註一一三）的英雄；且是，在路易菲力浦統治之下，布倫遠征之時，就已經多少表示了擁護波拉帕特的一個東西。

秩序黨對修正問題的投票，證明他們不知道如何支配或如何服從，如何生存或如何死亡，如何支持共和國或如何顛覆共和國，如何保持憲法或如何廢棄憲法，如何與總統協力或如何與總統破裂。然則他們要以什麼方法解決他們的一切困難呢？他們只有聽憑着他們所以不能控制的那歷書——卅事件的進行而已。這就召致於那些事件使之僭侵其黨的權威的,假借其力量,以致和人民的鬥爭中——失去其特權直至黨陷入全無保護之中。在這個危急時期,秩序黨決定退出舞台,決定議會從八月十日至十一月四日休會三月。這是給行政權力的領袖以自由去發展其戰鬥計劃,強固其攻擊手段,選擇其工具,鞏固其地位。

秩序黨不只分裂為兩大派別,而每一派別依其分黨派的精神更進而再分化;加之,議會內的秩序黨員與議會外的秩序黨員互鬥。在資產階級的言論者與文士間,資產階級的講壇與報紙間,資產階級的理論家與資產階級本身間,代表者與其所代表之人間,都互相隔膜而不一致。

各地的君主立憲派,以一個狹小的眼光和無限制的熱烈,責備他們議會的領袖班易和斐魯之脫離享利第五和投到波拉帕特的陣營。他們的心裏如波耳布王室之旗所標識的白合花一樣的純潔;他們相信人的隳落,而不相信外交!

商業資產階級與其政治領袖間的分裂成了更不幸而更斷然的。對於政治領袖的非難,有種種形式:

— 137 —

君主立憲派的領袖被咀咒爲離叛他們的原則；另一方面，歐耳林派的領袖被咀咒爲甸泥於已經無用了的原則。

我已經指出自佛爾德入閣以來，金融貴族——商業資產階級之一部分，曾於路易菲力浦政權時代執着最大部的權力的——已經變成波拉帕特派。佛爾德扮演着一個雙料的角色，一方面要代表在債券交易所中波拉帕特的利益，同時又代表波拉帕特進行中的債券交易所的利益。一八五一年二月一日，歐洲財政家的倫敦機關報"經濟學者"揭載一段文字，是對於金融貴族的確切的描寫，此文是巴黎通訊的記者所作，他說：'現在我們從各方面聽着說法國第一要求和平。總統給立法會議的文書中宣示了此點；國民新聞已經響應，報紙也作同樣的主張，教壇也在宣傳；極微細的紛擾之使公債的價格就有低落，以及在民衆認識了行政權力比一切以前的政府各黨派官吏的智慧與權力都遠爲優越時，公債就會馬上穩固的事實，都是和平要求的證明。

一八五一年十一月二十九日，"經濟學者"的社論說："總統是……秩序維持者,而且……是歐洲每個債券交易所公認的秩序維持者"。所以,金融貴族認秩序黨對行政權力之議會內的鬥爭是擾亂秩序;同時又認總統與那認爲代表金融貴族的代表的鬥爭之每次勝利,爲秩序的勝利。我們使用金融貴族這個名詞,我們要了解這名詞是廣義的,其意義不是限於大債券業者及國債投機業者。自然,這些上等人的利益與國家權力的利益是一至的。但是一切金融事業——銀行界的全部經濟——與公債券是有極密切的連系的。通常銀行資本的一部分必然投資於公債券,由此資本不致鎖閉着而可以獲得利息。銀行存款——銀行準備墊付與商業家及工業家的——一部份是由投資公債券者的紅利中獲來。在金融市場中及對於金融市場的敎士們,國家權力的安定,每與摩西預言家是同其意義的。現在,每次大潮流欲打倒舊國家,舊國債卽亦與之俱覆的時候,却更是如此。

工業資產階級也是熱望於秩序,對議會的秩序黨與行政權力的鬥爭亦表示憤怒。德爾士,安格拉,聖巴夫 (Saint-Beuve) (註一一四 等等,一月十八日投票之後，在章加里免職之時，受他們的選舉人，尤其是在工業區域的選舉人所責罵；他們與山嶽黨的聯盟被汚爲擾亂秩序的國事犯。確實的，我們看見了秩序黨與總統的鬥爭所表現的誇大，微末的打擊，小陰謀等，應受較之所得的更不好的批評。這個資產階級黨派，他們讓他們的議會代表者把軍隊的統治權轉到帝位僭謀者的手中的，是不值得與之圖謀的。他們的態度表示保持他們的公共利益，他們的階級利益以及他們的政治權力的戰鬥，是認爲無希望，而且只是對於私人營業的平穩進程的擾害。

各地的中心城市的資產階級的要人，公司職員等等，當波拉帕特巡視各地的時候，對於他差不多都熱烈的歡迎。波拉帕特，如像在地伊（Dijon）時，對於國民會議特別是對秩序黨作猛烈的攻擊的時候，他們也是熱烈的歡迎。

在商業仍然與一八五一年初時是一樣的繁盛的時候，商業資產階級便不滿意於議會的任何鬥爭現象，因爲這可以使商業不穩。但商業與二月末一樣的停滯的時候，又說議會的鬥爭爲停滯的原因，並且說議會鬪爭不停止了,不能有恢復的希望。憲法修正的辯論起於商業停滯時期。因爲這個爭論的問題是現存的國家形態的繼續與死亡,所以資產階級覺得有資格去要他們的代表者結果這個困難的過渡狀態,同時以保持現存的制度。所以關於這點沒有矛盾。所謂"結束過渡狀態",資產階級是竟謂現存狀態的繼續。作任何改變的決議,就無定期的延岩了。政治的現狀只能在兩條路保存,或者是波拉帕特權力的延長,或者是(如載明於憲法的)波拉帕特於指定的時期下野而以加汎尼克繼任總統。一部分的資產階級希望後一個的解決。持這種意見者不能找出更好的忠告把給他們的代表:"緘默!對於這個生死存亡問題不要發言。"這種理論就是,如果採用這種緘默政策,波拉帕特就不致於動。議會乃成了一個藏頭露尾的駝鳥,隱藏牠的頭使之不可見。另一部分的資產階級,因波拉帕特已是總統,希望他繼續任總統,因此一切事物都照舊的軌道進行。持這種意見者,因爲對議會不會公開的破壞憲法而潔雅地退出了舞台是憤懣的。

在議會休會期中，各地地方議會，卽大資產階級的地方代表機關，於八月二十五日開會。差不多都一致贊成修正憲法，這表示他們反對國民會議而贊成波拉帕特的意見。

資產階級憤恨議會的代議士的時候，同時憤恨他們文字的代表者們——他們的新聞記者——有更明顯的表示。資產階級的新聞記者有攻擊波拉帕特的帝位簒奪主義的熱望的，以及保護資產階級而反對行政權力的侵害的，都處以極重的罰金乃至無理的長期徒刑。不僅法國，而且全歐見着資產階級的裁判官的這種判決的消息都很驚訝。

我已經說明議會秩序黨之大聲疾呼的主張和平，制着自己緘默了。資產階級在與社會別的階級鬥爭的時候，就已經掘了自己統治的基礎——議會的統治；因爲，那在實際上說明着資產階級政治上的權勢是與資產階級的安全與存在不能兩立的。另一方面，在議會牆外的資產階級大家，他們對總統卑躬，對議會辱罵，以殘酷方法對待他們的報紙，而且煽動波拉帕特鎮壓和撲滅他們自己的政治家和文人這些

—— 142 ——

第六章

人是為他們的利益而說話的，自是為他們的講壇和報紙的。資產階級之所以這樣的，目的是要建立『強固的政府』一個無限度的權力的政府，在這個政府保護之下商人就能夠集中其注意力於各自的商業。所以資產階級明顯的宣布他們切望放棄政權，正希望免除政治權力的行使上的紛擾與危險。

然而這種資產階級，曾經指斥那不過在議會內和言論上的擁護資產階級者為罪犯，曾經賣了為資產階級統治權而鬥爭的領袖們的，現在却敢於答責無產階級之不曾起來為他們戰鬪，不曾為資產階級議會主義利益而作生死的鬪爭，資產階級一再的表示過要犧牲他們的總的階級利益，就是犧牲他們的政治利益，而求獲得極偏狹而貪私的利益，他們曾堅決要求他們議會的代表犧牲者同樣的利益的，現在却非難無產階級之為物質的利益而犧牲理想的政治利益。他們裝做心情純良的人，無產階級曾經誤解的，而在必要的時候拋棄了的——無產階級曾經被社會主義者引入迷途！這種非難在資產階級全社會引起了一般的響應。我在這裏不是談論德國吹毛求疵的

— 143 —

政治家或類似的愚人。我要再引用„經濟學者"報紙上所說的。這個報紙，最近在一八五一年十一月二十九日，僅僅政變前四天，稱波拉帕特是"秩序維持者"，而德爾士和班易是„無政府主義者"；而將及四星期後，在波拉帕特已經使"無政府主義者"靜默之後，卽一八五一年十二月二十七日，便信口開河的說："中層及上層階級的才能，智識，紀律，精神的感化力，心力，和道德的力量"必然„常常無量的超勝於無智的，無訓練的，和愚昧的無產階級羣衆"。實際上，那無智的，無訓練然和愚眛的羣衆乃是資產階級羣衆，而完全不是無產階級羣衆！

事實是這樣，在一八五一年，法國曾遭過了一個小的商業恐慌；二月末的輸出可比前一年低落；三月間，商業停滯，而且許多的工廠都要關門；四月中，主要的工業區域的狀態如二月事變時一樣的表現絕望；在五月，民衆仍在希望恢復；遲至六月二十八日，法國銀行的報先書上說。存疑有巨大的增加，而匯票比較的減少，這是表現生產的停頓。還未到十月中旬，商業的漸進的恢復才開始。在法國資產階級的

— 144 —

第六章

觀察，商業的恐慌唯一的是政治的原因：議會與行政權力的鬪爭，過渡的政府形態的不穩，一八五二年五月二日的恐怖的預測。我不否認這些原因對於巴黎及各省的某工業部門有不利的影響，但政治狀況影響仍然是局部的而微細的。以過去的鬪爭爲證明，可以說是商業開始恢復的時候，正是政治狀態十分惡化，而且正在十月中旬民衆時刻在希望從天堂來一個霹靂的時候。法國資產階級，他們的「才能，智識⋯⋯以及心力」沒有起過他們的鼻尖以外，決不能比倫敦更能夠在商業衰弱的全時這發現商業恐慌的原因，法國許多的工廠暫時的停閉了，但是英國也發生商業界的蔓延的破產。在法國，四月和五月產業恐慌達到頂點；而在英國，同時商業恐慌到了頂點。英國的羊毛產業與絲織業都和法國一樣的遇着困難。英國棉紗廠恢復工作的時候，還是不能獲得一八四九年與一八五○年的盈餘。這兩國的差異就是：在法國恐慌是產業的，而英國是商業的；在法國工廠停閉了，而英國的織物工廠反有增加，只是比過去情形差些；在法國主要的衰微是輸出，而在英國却是輸入。

這些衰微的共同原因——雖然自然不是可以在法國政治水平線的界限內去尋求的——却是明顯的。一八四九年與一八五〇年是物質極昌盛的時期，有那末至一八五一年不致開始有表現的那生產過剩的性質。後來在一八五一年初，從產業博覽會的情景中就強烈地表現了生產過剩。此外特殊的原因也要說明的是：第一，一八五〇年及一八五一年棉花收穫的部分的失敗；其次，就是一八五一年棉花收穫，最後，常比先時的預測要豐盛些的那有把握的希望；以及棉花價格因此而生的漲落，在先升漲而後來急劇的低落。法國這年的生絲的供給是在平均量以下。就毛織品而論，自一八四八年以來，羊毛織物的製造有極大增加，因之原料的生產不能與之並進，而且羊毛價格的高漲與毛製貨品價格的低落之間有一個明顯的懸殊，所以在世界市場中占重要地位的三種產業的原料的供給情況所受的影響大可以說明商業停滯的原因。除了這些特殊情形而外，一八五一年明顯的恐慌只不過是生產過剩及過度投機事業，在工業軌道內循環着時，集中他們的力量以求一擊而回至其出發

第六章

點之前的一個停頓———一個總的恐慌。商業史上的這種時期，在英國商業的破產乃是常例。而在法國就會發生工業的停止，一部分因為英國在一切市場的競爭在那時極猛烈，所以法國的工業家不能繼續製造；一部分因為，工業是生產着奢侈品，奢侈品的市場在一般的商業停滯時也是不可避免的停滯。所以法國除世界一般的恐慌加在牠身上以外，又有本身的國內的商業恐慌；縱令這些恐慌被世界市場的一般的狀態所決定的範圍，比較特別是法國局部的條件所決定的範圍更廣大些。把英國資產階級與法國資產階級兩方面件所決定的範圍的偏見來對照是饒有興趣。在利物浦最大某企業的一八五一年度商業報告中說，"在一年的開始時所抱着的期望很少有比之剛過完的今年的期望更厲害地使人懊喪的。我們全體會希望一個期待的興盛的年頭，然而，我們所得的反是二十五年來最不幸的一年。這種說法自然只是適用於商業階級，而不適用於產業階級。然而我們的熱誠希望也是頗有理由的。公債價低；資本充斥；生活必需品低廉；而收穫物的形勢是可樂觀的。歐洲大

— 147 —

陸布滿了和平空氣，同時國內沒有政治的和金融的擾亂的恫嚇。商業的雙翼永沒有更自由過，……這些不幸的事變我們歸咎於什麼呢？我們相信那爲害的是因爲輸入與輸出兩者的過剩。除了我們的商人們肯限制他們的活動於有節制的範圍以內，則決不能使我們避免掉那三年來一次的痛苦。"

我們再來觀察在這時期的法國資產階級的心理狀態。他們受着商業恐慌的痛苦，而且他們的商業病的頭腦被政變或普選法的復活，議會與行政權力間的鬪爭，歐耳林派與君主立憲派間的佛郎德黨的戰鬪，法國南部的共產黨的陰謀，里夫與千爾兩縣的所謂農民暴動，那些總統候選者的自誇的廣告，報紙替這些人所發出的口號所喊出的小販似的呼聲，共產黨要以軍力保持憲法和恢復普選法的威嚇，預言世界將於一八五二年五月二日死滅的逃居外國的英雄們的激烈的宣傳——這一切的可能性的謠傳所困苦，感亂，些震聾。在這些說不盡的喧嘩聲中，這些合併，修正，延期，憲法，陰謀，聯盟，移民，簒奪，與革命的紛擾中，真不容易了解爲什麼資產階級狂亂地對

第六章

他們的議會制共和國呼喚道："與其無止境地恐怖，毋寧由恐怖得着止境"！

波拉帕特了解這個狂亂狀態。他的理解力被債主們的更大的煩惱造成更銳敏的；這些債主，於逼近滿期前一八五二年五月二日，的每一日落時，感覺着星辰的運行正在對於他們的地球上的匯票作一個新的拒絕支付。他們已經成了星學家！國民會議已經破壞了波拉帕特的總統權力憲上的延長的希望，而姜菲爾太子已經成了總統候選者的事實不容再躊躇了。

如果是有一件未來的事在前文已顯露牠的影子時，那件事就是波拉帕的政變。遠在一八四九年一月二十九日，他當選總統未到兩月，曾向章加里作這種的建議。白樂任波拉帕特內閣總理時，曾祕密的揭發政變的企圖；德爾士於一八五〇年冬季曾公開的揭發。一八五一年五月，帕希尼曾再度企圖取得章加里對於這個政變的建議的同意，而且在議會公報上發表波拉帕特派的陰謀家與這個將軍談話的經過。波拉帕特派的報紙每於議會的騷動發生時，便以政變

— 149 —

來威嚇，而且在危機臨近時，他們的論調更行猛烈。波拉帕特每於與華服而有紳士風的男女盜賊們的祕密夜宴席上，常常在半夜裏，在酒刺激鬆了舌根而燒熱了幻念時 政變總是定在翌晨的。刀劍拔出了，酒杯碰作玎璫之聲，議會的代表們如風掃落葉而倒，而黃袍便加到波拉帕的背上——一直要到晨光到來將這些鬼弄倒下去，而從那些由口風不緊的忠臣和不小心的義士們得知了巴黎又逃掉了一次危險時，將巴黎城震驚了，九月與十月中，政變的謠言又比以前任何時更甚。那鬼怪更一天天的現形現色了。讀者如果取閱這個時期歐洲的報紙，便可以找着下列的許多記載：巴黎布滿了政變逼近的謠言，謂京城將整夜裏充滿了軍隊，翌晨將宣布解散國民會議，山陰縣將宣布戒嚴，普選法將恢復。然後訴諸民衆。依照傳說，波拉帕特希望內閣爲其發布違反憲法的布告的工具。由巴黎來的說着這種新聞的通信，到了最後總是有一個不幸的字"遷延" 政變是波拉帕特的固定的思想。當他回到法國的時候，他心裏就已經充滿了這種思想。這種思想已經成了他的固定的觀念，

— 150 —

所以新不時的無意識露出來；但是因為他是一個弱者，便又時時按拿住這種觀念。政變的魔鬼影現於巴黎人民之前是極平常的，所以到了最後這種陰言於血肉模糊中實現時，他們仍然漠視。政變之成功不是因為 十二月十日會 的首領之緘默謹愼，也不是因為國民會議之被突擊，成功是到來了，儘管波拉帕特瞞露過秘密，儘管議會是預知的。這乃是發展的過程中的必然的和不可避免的結果。

十月十日，波拉帕特問他的內閣說，他決定恢復普選制；十六日，內閣提出辭職；二十六日，巴黎城傳布了脫立里內閣之組織的消息。警察總監加爾里撤職，以莫帕（Maupas）繼任；第一師團的司令麥格南集中最可靠的聯隊，十一月四日，國民會議繼續開會。牠所做的工作，就只是牠所已經完畢了的議案的簡略的復習，這是證明牠已經死去而還未埋葬！

議會在與行政權力鬭爭時所放棄的第一道火線就是內閣支配權。正式承認放棄這種權利，現在由受脫立里內閣而承認之成為實在的了，常務委員會，在基郞德自己以新內閣的名義前來的時候，笑謔的接待了他。一個這般軟弱的內閣能作出恢復普選制那樣強項的辦法嗎！但是眞實的目的是於議會之內什麽都不做，而而每件事都反對着議會。就在國民會議再舉行開會的那日。國民會議接到波拉帕特的一件公文，要求恢復普選制及廢止一八五〇年五月三十一日的選舉法。同日，他的內閣提出一個議案，具體的表現這些要求，並且請求國民會議要視爲緊急問題。這個緊急動議失敗了，後於十一月十三日，又以三五四票對三四八票被否決了。所以議會又一次撕破了他的議會的上諭；又一次表示了牠已經從自由選舉的人民代表機關，變成一階級的篡奪的議會，又一次承認了牠斬斷本身與國民的關係，

行政權力恢復普選制的動議乃是經國民會議，而訴諸民衆；同樣，財務官的議案就是國民會議經人民而訴諸軍隊。這個議案是要確定國民會要求軍隊的權利，就是組織會的衛隊。但是國民會議在請求軍隊爲牠與人民間及牠與波拉帕特間的仲裁人的時候，乃至宣布軍隊是處置國家事件的最後的權力的時候，牠就不得不承認久已喪失軍隊的支配權。牠後

第六章

來却沒有要求軍隊，但是却開始了討論要求軍隊的權限的問題。這是引起了人家對牠自己在這一件事件中的才能的疑問。牠在否決財務官的提案時，乃是公開的宣布他的無力。這個議案以一〇八案而失敗，由山嶽黨的投票而決定了其結果。現在議會站在好像布利丹的驢子（Buridam's ass 註一一五）的立場——不錯的，不是在兩捆乾草之間選擇其最可愛的；乃是在兩次暴風雨的打擊中選擇其最痛苦的。一方面，是對章加里的恐懼；一方面是對波拉帕特的恐懼。這個立場眞太不壯烈了！

十一月十八日，提議修正秩序黨的市選舉法，即選舉權之居住資格應從三年縮短至一年便爲有效。這個修正案以一票之差而失敗，而那些反對修正案中的一票不久就發覺是由錯誤的動作而出此的。秩序黨旣經分化而成敵對的各派，不久便失去獨立的議會多數支配力，現在却更顯示不能支配任何形式的多數。國民會議已經不能形成決議，在構成牠的各分子中已失去了任何團結力。牠完結了牠最後的氣息。牠是死了。

— 153 —

最後，議會外的資產階級羣衆，在政變的前數日，給他們與議會內的資產階級的分裂另一個嚴正的證明。議會的英雄德爾士受議會衰弱的不治之症的傳染較別人更厲害，他從議會死亡之後，更與樞密院 (Council of State) 聯合，計劃着一個新的議會的陰謀。想以一個責任法 (Responsibility Law)，束縛總統於憲法範圍以內。在九月十五日，波拉帕特，在巴黎新中央市場奠基禮時，像第一個默撒里羅 (Masaniel，註一一六) 似的，曾迷惑市塲的婦女，賣魚女們——實在的，在實力上一個賣魚女勝於十七位城主！他在議會討論財務官的提案時，曾於伊里西宴會上說服了下級軍官。所以，現在十一月二十五日，工業資本階級的代表人物集會於伊里西國家競技塲，接受他授與倫敦工業博覽會的獎章，這時他以演說來籠絡他們。他的演說曾載於"討論報"，玆摘錄其最有意義的幾點：

"由這些意外的成功觀之，我應該可以重複的說，法蘭西共和國將成爲如何地偉大，若任其追求其實際的利益而改革其制度，而不一方面爲煽亂者，另

— 154 —

第六章

方面為王政的幻想所繼續不已的擾亂者"(全體喝采的鼓掌/"這些王政的幻想是進步,和一切重要的產業部門之發展的絕對的障礙物。沒有進步,我們却只有鬥爭。最熱烈擁護君主的權威與特權的人們,已經成了某黨派員,他們的唯一的目的減弱由普選制而生的權威。"(歡聲又起)"因革命而受極大損失的人們,最痛恨革命的人們,現在却準備煽動一個新的革命,主要的只是要以之束縛國民的意志……我保證你們將來的平和"(大聲歡呼)

工業資產階級無恥地歡呼了十二月四日政變的逼近,議會的滅亡,本身政權的傾覆,波拉帕特專政的開始。十一月二十五日如雷的歡呼是由十二月四日如雷的槍聲回答着;而歡聲比任何人更高的撒倫多(Sallandrenze)先生的住宅,是最厲害地被破擊了的。克倫威爾,在他解散長期議會時,他獨自到議會的中央,取出他的錶——以記取他的哀底美敦書中所說明的時限——就陸續地點着各個議員的名字,以辱罵而且嘲笑的攻擊的態度驅逐他們出議會。拿破崙——一個較其原型小得多的人物——登新二月

— 155 —

十八日（Eighteenth Brumaire)註一七），至少是很勇敢的面抗立法團體，宣讀牠的死刑判決書，雖然聲音是很顫動的。波拉帕特第二他占有與克倫威爾及拿破崙十分不同的行政權力——尋求他的模特兒，不是在世界史的記錄中，而是在"十二月十日會"的記錄中，在刑事法庭的記錄中。他盜竊"法國銀行"的金銀達二千五百萬法郎，他用一百萬買了麥格南將軍；對於兵士每人予以十五弗郎及一小杯白蘭地酒賂賄之；如夜間盜賊似的他祕密的集合他的同謀者；偷入最可畏的議會領袖的住宅，把加汎尼克，拉莫黎西，拉夫樂，章加里，夏拉斯，德爾士，貝芝等等拖離他們的臥塌；以軍隊占據巴黎的重要地點和議會場所；翌日清晨，通告國民會議與樞密院的解散，普選制的恢復，以及山陰縣戒嚴令之施行的種種誇大的佈告，張貼於四處的牆壁上。不久，他於"蒙利特"報上揭載一個偽造的文書，謂一般有力的議會名士都自動的聚集到波拉帕特方面而為顧問官。

尾閭議會(Rump Parliament 此語是借用於克倫威爾解散了長期國會後的殘部綽號——譯者）會

第六章

合於第十區市廳——內中的份子至要的是君主立憲派與歐耳林派——宣布（其中一再高呼"共和國萬歲！"）罷免波拉帕特總統之職。他們向聚集在會廳前的呆看的羣衆作無益的煽動的演說。結果，他們被亞非利加軍團的一隊兵士所監視，先押解到多耳希兵營，然後以囚車被送入馬沙，汗姆，和芬塞的獄中去了。這就是秩序黨，立法會議，和二月革命的終局。

在結論完成之前，我把這次革命的歷史總括的寫出來：

第一時期 一八四八年二月二十三日至五月四日。二月期間。序幕。四海皆同胞的幻想。

第二期 共和國之建立與立憲國民會議之形成。

1. 一八四九年五月四日至六月二十五日。各階級與無產階級的鬥爭。無產階級於六月事變中失敗。

2. 一八四年六月二十五日至十二月十日。純資產階級共和主義者的專政。起草憲法。巴黎頒布戒嚴。十二月十日因波拉帕特當選總統，資產階級的專政結束。

3. 一八四八年十二月二十日至一八四九年五月二十九日。立憲會議與波拉帕特及同盟的秩序黨的鬭爭。憲法會議之傾覆。共和主義的資產階級之瓦解。

第三時期　立憲共和國與國民立法會議

1. 一八四九年五月二十九日至六月十三日。小資產階級與資產階級及波拉帕特的鬭爭。小資產階級民主主義之失敗。

2. 一八八九年六月十三日至一八五〇年五月十三日。秩序黨之議會的獨裁。秩序黨以普選法的廢止完全其政權，但喪失議會對內閣的支配力

3. 一八五〇年五月三十一日至一八五一年十二月二日。議會的資產階級與波拉帕特間的鬭爭。

　　a. 一八五〇年五月三十一日至一八五一年一月十二日。議會喪失軍隊的統治權。

　　b. 一八五一年一月十二日至四月十一日

議會企圖收回行政權的失敗。秩序黨喪失獨立的議會多數。秩序黨與共和主義者及山嶽黨之聯合。

c。一八五一年四月十一日至一八五一年十月九日。憲法之修正，君主立憲派與歐耳林派之合併，波拉帕特之第二次總統任期，等等企圖。秩序黨之分裂。一方面資產階級羣衆的分裂的擴大，另方面資產階級議會與資產階級報紙的分裂的擴大。

d。一八五一年十月九日至十二月二日。議會與行政權力間的分裂。議會的自殺，被本身階級，軍隊，及一切別的階級所拋棄。議會的統治與資產階級的政權共同沒落。波拉帕特的勝利。帝制的復古的狂言。

第七章　結論

政變（續前）十二月事變——波拉帕特王朝之農民的基礎——法國之紀述——"拿破崙思想"官制，僧侶權制，軍制——路易波拉帕特政權的矛盾二月革命之初，社會共和國變爲成語，爲預言。一八四八年六月事變時，牠淹沒於巴黎無產階級的血泊中，而且像妖怪似的出沒於戲劇的以後的諸幕中。其次出現於舞臺上的是民主主義的共和國。在一八四九年六月十三日，民主主義共和國，當牠的擁護者小資產階級向後轉時，也便馬上下臺了；但是在牠的退走中，曾加倍的熱烈的誇大其所想幹的一切。以後全部舞臺就被議會制共和國（與資產階級）所占領這個國家形態充分的享受了牠的壽命，但是在一八五一年十二月二日，埋葬於聯合的王黨的悲鳴合奏中——在他們驚怖時。他們高呼着"共和國萬歲"！

法國資產階級起來反抗了勞動的無產階級的政權，結果他們使遊民無產階級——浮浪者無賴漢握政權，以"十二月十日會"的領袖來領導。資產階級，談着赤色無政府主義的威脅，使法國嚇得呼吸都轉不來；在十二月四日，波拉帕特就使他們嘗了一下他們所預言的那未來的滋味，在那些芒特馬特街和意大利街的之尊貴的居民們坐在他們的窗下的時候，他，用那些弄得半醉而鼓着他們的熱誠的，秩序之軍的兵士們,射擊了他們。資產階級崇拜刀槍,現却被刀槍所統治。他們毀滅了革命的報紙,現在他們自己的報紙也被毀滅了。他們以警察監視民衆的集會,現在他們自己的會客室也在警察監視之下。他們解散了民主主義的國防軍,現在他們的國防軍也被解散了。他曾經以宣布戒嚴威脅勞動者們,現在他們自己也受同樣的手段所威脅。他們曾經以軍法處代替陪審官的審判,現在他們自己的陪審官被軍法處所代替。他們曾經把民衆的教育置於僧侶的掌握中,現在他們也輪到嘗受僧侶的支配。他們曾經不審判而處工人以流刑,現在他們也被處以徒刑而無審判。他們曾使用一切國家權力鎮壓種種社會運動,現在他們發動的種種社會運動也被一切國家權力所鎮壓。他們因為酷好充實錢袋曾經反抗他們自己的政治家與著述家;現在他們的政治家與著述家被肅清了,而他們的錢袋,在他們口塞筆折時,被掠奪了。他們對革命不斷的呼出聖奧撒里斯 Saint Arsenius 註一一八)之對基督教徒之所呼出是:"逃亡,沈默,靜止!",現在波拉帕特對他們也是同樣的呼出:"逃亡,沈默,靜止!"

— 161 —

拿破崙第一曾說過一句二中擇一的話："五十年後，歐洲不是共和國政治就有哥薩克的政治"（Infifty Years'times, Europe Will be either republican or Cossack）。不久法國資產階級建立了哥薩克共和國而解決了這個二難之事。并沒有一個魔女色爾斯（Circe 註一一九）用惡意的魔術，把美麗的藝術品名為議會制共和國的，變成一個怪物。共和國由轉變而損失的除了似是而非的威嚴而外別的沒有什麽。現在的法國在議會制共和國中準備好了的東西，一切所需要的只是用一把刀戳穿這個膀胱泡，這個怪物就可以出現於白日。

為什麽巴黎階級在十二月二日政變之後不起來革命呢。

資產階級的顛覆還只是一個布先，這個布先並沒有執行。無產階級的嚴重的革命必然是迅速的使資產階級恢復原狀，必然是以軍力使他們歸於一致必——然保證工人們如像六月事變一樣的再次失敗。

十二月四日，資產階級與小商人煽動工人起來革命。同日的夜間，國防軍有幾隊誓約着相見於戰場，武裝了，準備鬪爭。波拉帕特十二月二日佈告廢止無記名投票，就是對抗的威脅。此後，在法定名簿上他們人名後所記明的只是"是"和"不是"。十二月四日的反抗使他恐慌；所以當日晚他宣佈恢復無記名投票。資產階級與小資產階級相信他們達到了目的。這就是他們第二天早晨不能武裝集合的緣故。

十二月一日夜間至二日，波拉帕特突然奪去巴黎工人的指揮行動的領袖們，於是無產階級成了無指揮者的軍隊。對一八四八年六月，一八四九年六月一八五〇年五月的回憶，訓練了無產階級去集合於山嶽黨旗幟之下而鬪爭。因此他們將這個保全巴黎暴動的光榮的任務，留給他們的先鋒隊，祕密團體了。因爲資產階級太沒有勇氣抵抗軍隊，所以波拉帕特後來，在他解除國防軍武裝時，有充分的理由嘲笑，他說是，免得他們自己的武器被無政府主義者奪去而轉對着他們。

"這是社會主義的完全的與決定的勝利"。

這是基佐說的十二月二日的特徵。但是，雖然議會制共和國的顛覆含有無產階級革命勝利的胚胎，議會制共和國之傾覆的直接的與明顯的結果就是波拉帕特克服議會的勝利，行政權力克服立法權力的勝利，非空言的力克服空言的力的勝利。在議會中，國民曾經把他們的一般的意志制成了法律，這就是說，他們把統治階級的法律當作他們自己的一般的意志。現在，在行政權力之前，國民宣布放棄他們自己的意志力，而服從相反的權力。行政權力與立法權力的對立，就是國民的他治與自治間的對立。從法國全體看來，似乎已經獲得脫離一階級的專制的企圖。而不得不歸服於個人的專制——歸到無權威的個人權威之下。鬥爭的結果必然的表現是各階級同樣的無力而且默然的跪在威嚇的棍棒之前。

然而這個革命是徹底的。牠還正在繼續走着艱苦的道路，牠在有系統的完成牠的事業。到了一八五一年十二月二日，牠僅僅完成了牠的準備工作的一半；現在牠在進行後半的工作。首先牠因為欲顛覆這議會權力而完成了這種權力，現在這個目的達到了。牠便進而完成行政權力，牠把這個權力變成純粹的名詞，使之孤立成為攻擊之唯一的目標，以冀集中撲滅這個權力的革命的力量來猛烈攻擊牠。當後半部的準備工作完成了的時候,那時歐洲將起來大喊道:"老田鼠呀!你能很快的掘土麽?好一個工兵!"

這個行政權力具有無數的官僚和軍隊的組織,有種複雜的人爲政府機關,(有五十萬官吏由五十萬的兵士維持着)——這個行政權力是一個可怕的寄生蟲,好似密網一般籠罩着整個的法國社會,阻塞着牠遍體一切的毛孔。這樣的一個行政權是產生於君主專制時代,封建制度正在崩潰而且這個行政權促進其崩潰的時期。大地主的與城市的領主的特權,轉變爲適應的國家權力的屬性;封建的高位者轉變爲受俸的官吏;而且相互鬥爭的中世紀的特權與權力所形成的駁難的模型,轉變成國家權力的有規則的作品,在這裏面如像近代工廠中一樣是具勞動的分業化與集中化的。法國第一次革命目的是廓清一切分立的權力(局部的,領土的,都市的乃至地方的),以冀把國民造成資產階級的統一的,同時却不得不發展了君主專制所已經開始的——中央集權。因此不得不擴大政府權力的範圍與屬性,和僱用人員的

— 165 —

數目。拿破崙完成了這個國家機關。在王政復古時代，和在七月王朝時代，所作的只是加強分工的勞動而同時發生資產階級社會中的勞動分工的擴大，創造了新的利益的集團，因此供給了統治機關以新食料。每個共同的利益，如橋樑，學校，鄉村共有之財產，鐵路，國家財產與大學等等，都被撇開與社會分離，樹立為一個與社會對立的較高的一般的利益，從社會的各個構成員手中把牠們強奪來，而造成政府的活動的對象。最後，議會制的共和國在牠反對革命的鬥爭中，既重又取用壓迫的手段就自知必要極力的增加政府的權力與鞏固政府的中央集權。一切的革命都曾完成這個政府機關，而沒有破壞牠，那些爭奪統治權的政黨，都把這個巨大的國家機關的占有，視為最重要的勝利品。

　　但是在君主專制之下，在第一次革命中，及在拿破崙統治之下時，官僚只是資產階級的階級統治準備手段而服役。在王政復古時期，在路易菲力浦統治之下，及在議會制共和國統治之下時，力求獨立的權力的官僚，只是支配階級手中的一個工具。

第六章

波拉帕特第二還沒有取得政權時，這個國家就好像已經成了完全獨立的。國家機關，與資產階級社會對立的，就已極強固的確立牠的地位；"所以十二月十日會"的領袖可以行使支配者的職權——一個來自外國的幸運追求者，以白蘭地和臘腸收買了泥醉的兵士而且不斷的饗以這類的美食，而取得政權的。因此，法國感受絕望，屈辱等感情的痛苦；牠感受名譽的污辱。然而國家權力有堅固的基礎。波拉帕特代表一個階級，這個階級，在法國社會中占最大多數——農民。

如像耳波布派是大地主的王朝，如像七月王朝是貨幣的王朝，波拉帕特派也就是農民——佔法國人大多數的小自耕農——的王朝。不是投在資產階級議會的足下的波拉帕特，而是把資產階級議會推在門外邊的波拉帕特，是農民所選擇的。三年來的都市偽造了十二月十日選舉的意義，欺騙了農民之帝政復辟的希望。一八四八年十二月十日選舉的目的直至一八五一年十二月二日的政變才完成了。

耕種自己的小塊土地農民形成法國人口的大多

— 167 —

數。在全國中,他們生活差不多在同一狀態中,但互相間很少發生關係;他們的生產方法使他們隔離,使他們不能互相交通。這個隔離因法國交通手段的惡劣與農民的貧困而更厲害。他們的耕地極小,因之沒有應用分工勞助,科學耕作的機會。所以,在農民中,不能有進化的層次,技能的差異,社會關係的財產。每一個農民家族差不多都是自足自給的,大部分的需要品生產於自己的土地上,就這樣使牠多半是與自然交換而不由社會的交通機關以取得生活的資料。所以。在這裏有一小塊土地。有一個農夫和他們的家庭,在那裏有另一塊土地,也有一個農夫和他的妻與子。由幾十個這樣的家庭集成一村,又由幾十村又集成一縣。依這種方法;法國國民的廣大羣衆是以這樣的本質簡單的加集而形成的,好像一袋馬鈴薯,包含多數的馬鈴薯亂堆在一個袋中。既然數百萬的家庭,生活在那些經濟環境中,使他們的生活方法,他們的利益,和來自別的階級的他們的文化都不同尋常,同時使他們多少與別的階級敵對,這樣的農民家庭就形成了一個階級。但是既然這些農民間聯系

— 168 —

僅僅是局部的，而且他們的利害的相同也未能形成為一種公衆的表現，一種國民的同盟，或一種政治的組織；這些農民家族又不能形成一個階級，所以，他們不能以他們自己的名義經過議會或某種會議去代表他們的階級利益。他們不能代表他們自己，而必須被代表。代表他們的人在他們的眼中也要是他們的領主與主人，一個執着權威統治他們的人，一個有無限制的支配政府的權力的人，同時一個要從上面施與他們雨水和陽光的人。結果，這些農民的政治勢力在一個使社會從屬於專制意志的行政權力中找着牠的最後的表現。

歷史的傳說養成法國農民迷信着會有一個名拿破崙的人必然於適當之時間重出世，而帶給他們以一切他們心中所希望的。看呀！出來了一個自稱爲救世主的！他名爲拿破崙，而且依據拿破崙法典（Code Napoleon註一二），"不得調查父的身分"。二十年放浪生活與許多奇怪的冒險之後，這個人變成法國人的皇帝預言應驗了；外甥的固定觀念已經實現，因爲這種固定觀念是與農民階級——法蘭西國民的大多數

——的固定觀念是一致的。

一個批評者大聲問道:"但是法國各地爲什麼發生農民的暴動,爲什麼以武力壓迫農民,爲什麼農民大多數入獄和逐放?"

路易十四以來,實實在在法國沒有發生過像這樣"兇煽動的陰謀"而農民普遍的被殘害。這裏我們不要誤解。波拉帕特王朝不是代表革命的農民,而是代表保守的農民;不是代表希望從窄狹的耕種生活的條件解放出來的農民,而是代表希望永續和鞏固這些條件的農民;不是代表那分由熱情的衝動而希望與都市的人民聯合力量以顛覆舊秩序的農村人民。反之,却代表頑固的保守主義的,斷然的擁護舊制度的,而且希望拿破崙帝國的魔王來救濟和愛護他們本身和他們的小耕地的那一部分農民。不是代表農民的文明的,而是代表農民的迷信的;不是代表他們的批評力,而是代表他們的偏見;不是代表他們的將來,而是代表他們的過去,不代表希芬(Cevennes 註一二一)再生,而代表芬地(Vendee 註一二二)再生。

議會制共和國的三年統治曾經從拿破崙的幻想

第六章

中把一部份法國農民解放出來，甚至把他們革命化了，雖然只是表面的，但是資產階級曾經用全力來壓迫他們方面的任何進步運動。在議會制共和國之下，曾經有過法國農民的近代的意識與傳統的意識間的鬥爭。這個鬥爭表現的形態是學校教師與僧侶間的不斷的鬥爭，資產階級站在僧侶方面。農民曾經獨立的作反抗政府權力的初次試驗。這表現於市長與縣長間的延長的鬥爭中。資產階級便罷免反抗的市長。最後，在議會制共和國的統治時期，各地的農民曾起來反抗他們自身的子嗣，那軍隊。資產階級曾以頒布戒嚴及抄沒他們的貨物處罰他們。現在這些同樣的資階級痛罵羣衆的愚蠢——那將他們出賣給波拉帕特了的卑賤的平民的愚蠢。資產階級曾由保持這種農民宗教所由出生的條件，強烈的鞏固了農民之帝政主義的情緒。資產階級，除了羣衆是保守的時恐懼他們的愚蠢，羣衆革命化時恐懼他們的開明的思想以外，還能做些什麼？

繼政變之後的暴動中，一部分的農民正在對他們自己的一八四八年十二月十日的投票作武裝的抗議。從此，他們每一出場，就給他們自己以敎訓。但他們却與歷史上的最醜惡的社會締結了同盟，同時歷史促成他們同盟。大部分的農民仍然保存極劇烈的成見，就是在最赤化的各縣中他們仍然極明顯而熱烈的在擁護波拉帕特。依他們的意見，國民會議曾經妨害他們的行動的自由，而現在他們只是打破城市欺騙鄉村意志的束縛。有些地方的農民甚至於懷着革命的國民會議與拿破崙並存的奇怪的想頭！

由第一次革命，農奴完全廢止了，而農民們變成自耕農。後來拿破崙出來，他確定了而且規定了那開發他們所新獲得的耕地的和滿足新獲得的所有權的慾望的種種條件。但是這就是農民們現在所艱苦地担負的東西，這小規模的所有權的制度，這種土地分裂爲小的私有地的辦法，一種在拿破崙治下實現了的制度。就是那生存的物質條件，那土地租借制度及與之並存的農業生產方法，將封建時代的農奴變成小自耕農的，將拿破崙變成皇帝的。兩代人生已經足夠發生這個不可避免的結果：農業的累進的退化與耕農的累加的負責。"拿破崙的"土地租借法，在十九

第六章

世紀初葉解放和富裕了法國農民，而在同世紀的中葉，便束縛和貧困了他們。但是這種耕者有其田的制度就是"拿破崙思想"的第一個，而是拿破崙第三所必要高舉起來的。如果他，和農民在一塊的時候，仍然堅持着那種迷念，以爲他們衰敗之由不能求之於小規模私有制度之本身，而需求之於別種附帶的外來條件，則當他們與生產的實際狀況一經接觸時，他的實驗將如肥皂氣泡炸破了。

依照這種小自耕地制度的經濟的發展，農民與社會別的階級間的關係是輕重倒置的。在拿破崙第一的統治下，土地的分裂助長了農村的自由競爭，而都助了城市大產業的萌芽。農民階級是一個具體的和遍在的對那在最近顛覆了的土地貴族的抗議。小規模私有制度之根深入了法國的土壤，斬斷了那封建制度所依賴着的滋養料之供給。耕者有其田之制度的標幟，就是資產階級爲防範其舊時領主之或致作突擊的企圖而自然地增強起來。但是在十九世紀中，封建的壓榨者由都市的高利貸者來代替了，封建制度對耕作者所施的要挾有抵押業者的要挾與之相當；貴族的土地所有權變爲資產階級的資本主義。農民的耕地仍然只是資本家從耕地榨取盈餘，利息及租金的，而任耕種者自去從土壤中掘取他們的工錢的口實。法國耕作土地所担負抵抗押債務極重，以致所應付的利息與英國國債所付利息相等。小土地私有制度，必然的結果就是變成資本的奴隸，把法國國民羣眾變成穴居的人民。有六百萬的農民（婦女小孩在內）都住在如嚴洞似的茅屋中，這種茅屋雖然有些有兩個門戶，然大多都只一個門戶，至於有三個門戶的就最少了。窗戶之於住宅猶如五官之對於人首之一樣的重要。本世紀的初葉（按指十九世紀——譯者），資產階級的社會制度把國家配置爲新創造的小土地私有制的前線的哨兵，而且以名譽爲肥料。現在，這個同樣資產階級制度變成一個吸收農民的小耕地的鮮血和骨髓的魔鬼，同時把他們投入蒸溜鍋去榨取。"拿破崙法典"現在只是財產扣押與拍賣的證書。依照顯著的事實，法國有四百萬貧民，遊民，罪犯和娼妓；還有五百萬人（婦女小孩在內），他們生活的範圍一時在鄉村裏，一時帶着他們的破衣和小孩

第六章

又暫時移居於城市。結果，農民的利益，如像當拿破崙第一統治時一樣，不是與資產階級的利益一致，也卽是不是與資本的利益一致的；而是對立的狀態。所以農民，自然的於以推翻資產階級的社會制度爲使命的遊民無產階級中找着他們的同盟者與領袖。但是路易波拉帕特的強有力的專制的政府（這個"拿破崙思想"中之第二點）的使命就是堅強的保護這個"實質的制度"。這就是爲什麼在一切波拉帕特反暴動的農民的宣言中總有這個"實質的制度"口號的緣故。

抵押權不是資本給小自耕農唯一的負担。還有賦稅的負担。賦稅就是官僚，軍隊，僧侶，和宮庭的生活的資源。強固的政府與苛酷的賦稅是一致的。從本質上看來，小土地私有制度的全能的和無數的官僚的適當的立場。這制度使全部鄉村中條件與人格升至同一水平線，使之能對於那全部的人口之各部分施用均等的勢力，那由一個中心點發生來的勢力。牠破壞了民衆與國家權力間的貴族各級。結果，牠引起這種國家權與其工具們的普遍的與直接的干與，最

— 175 —

後。這種制度發生失業的人口過剩，人們無論是在鄉村或城市都沒有生產的職業，所以就要求官職而視之為一種救濟機關了，同時也就盡力的增加官職的數量，拿破崙，由刀槍的尖端上開闢了新市場，而又蹂躪了全歐洲大陸，就能够付還他由賦稅所搜括的利益，以後，賦稅變成了農村工業的激刺品；目前，牠將這種工業的最後支柱奪掉了，而打開了窮乏之路的門。確然的，一個鉅大的官僚制度，豐衣美食的，是完全地"拿破崙思想"的，那最適合於波拉帕特第二的需要的。怎能不那樣呢，在他懂得他是被迫着，與社會各眞正階級幷存着，去創出一個假的四階級制以維持他的統治權成為生死存亡的問題的時候？這就說明為什麼財政上的最初改革之一是提高官俸至舊時水平線和以及新的領乾薪的產生。

另一個"拿破崙思想"是那為政府之工具的僧侶之統治。但是在起初那小自耕農，因為和社會本是和諧的，依賴着自然力，又被那保護他們的在上的權威所統治着，天然是信仰宗教的——目前，他們負着債務，和社會及權力是一不相和諧的了，又被迫而離開

第六章

舊時常軌的時候,他們自然是非宗教信仰的了。蒼天對於那新獲得的田地是一個可悅的副屬品,猶其因為雨水和陽光都來自蒼天;但是欲供獻以蒼天去換取土地權那就是一個侮辱了。由這樣的供給去觀察,則僧侶只能視為塵世間警察們的鷹犬——可是又是一個"拿破崙思想"!對羅馬的二次遠征將在法國境界內進行,但是將是與曼達藍伯先生所做的一種相反的。

最後,"拿破崙思想"最高妙的一點就是軍隊的非常重視。自耕農視軍隊為尊敬之對象。就是他們自己變化成英雄們,去和外國戰爭是他們的詩歌;小小的地皮,幻想地放大着而且完美着的,是他們的故鄉;愛國心就是一個主權的理想化了的意識。可是在目前法國農民在保護其財產上所見之仇敵不再是哥薩克兵;而捕役和稅吏們。田產不再是在所謂故鄉裏;而是在抵押業的賬簿裏了!甚至連那軍隊,在目前,也不再是包含着農民青年之精華,而是由隊伍中,那些農村中的遊民無產階級的特出者之中招募而來。這些招募兵大部分乃是代替者,正如波拉帕特第二自

— 177 —

己也只是一個代替者，一個代替拿破崙者。這種軍隊的英雄事實總是取着踐躪農民或警察勤務的形式。等到他的制度的在內的矛盾逼使"十二月十日會"的領袖亡命時，他的軍隊，做了幾次搶掠行為之後，會以自力取得，不是勝利的金冠，而是嚴重的打擊。

由此，我們懂得了一切"拿破崙思想"乃是小土地所有者在他們的黃口小兒時代的思想。一到這些農民長大了而且有一經驗時，這些思想對他們就成為無意識的了。在小土地所有者制度就死的掙扎中，"拿破崙思想"成為妄幻了！其中的話成為空談；其中的精神只是鬼怪罷了。可是帝國的滑稽文章也是必要的，以使法國國民羣衆能由習尚的困軛下解放出來，而國家權力與社會間的抗爭可以全部赤裸地表演着。因小土地私有制度之逐漸腐化，建於其上之國家構成就瓦解了。近代社會所必不可缺的中央集權只能由那產生着以為對封建制度的非難的，軍閥制度與官僚政府之廢基上產生出來。

法國農民生活狀況乃是那使波拉帕特第二高昇至希來山頭的，十二月二十日至二十一日的總選舉，

第六章

的，疑問之答案——波拉帕特之高興不是去接受法律，乃是去授與法律的。

很顯然的，目前，資產階級不復有猶豫餘地。他們被迫而選波拉帕特。在康士担士會議（Constance 註一二〇）中，清教徒訴說教主們的放浪生活，而疎陳精神上的改造之必要時大主敎戴禮勃然囘答着："只有魔鬼自身能救治天主敎堂，而你却要請神仙們"。

同樣，在政變之後，法國資產階級說："只有十二月十日會的領袖能救治資本主義社會。只有盜賊能保全財產；除了破戒者沒有人保全宗教；除了雜種沒有人能保全家庭；除了無秩序沒有別人能保全秩序！"

波拉帕特，處於一個自薦的專政者地位，以保全"資產階級秩序"爲其使命。但是資產階級秩序之大支柱乃是中等階級。所以，他自視爲中等階級之代表者，而以這種意味發出他的那些命令。然而，他自己是一種力量只在他將中等階級的政治力量破裂了，而且每天重新去破裂的時候。所以，他又自視爲中等階級的政治及文學力量的仇敵。但是旣然他保護

—— 179 ——

那一階級的物質的力量，他就繼續地玩弄着牠的政治力量。他的目的必是要保存那事件之因爲的存在而同時却事件之果推諸世界之外。但是這種事件之獲得，非在因果二者於其互相作用中失去其顯着性之點對於二者略有混淆，則絕不可能。這說明爲什麼他發出使界線糢糊新的命令。同時，波拉帕特覺得自已是農民的代表及一般人民代表。站在反資產階級的地位；他自視爲與下等階級以快樂，且在資產階級社會之骨骼中行之的一個人。爲這一點，他又發出好多命令，以豫先取得"眞正的社會主義者"而盜驢社會主義者的雷震。但是，比一切更重要的，波拉帕特自身爲"十二月十日會"的領袖，流氓無產階級的代表。他自己，他的隨從，他的政府，以及他的軍隊都附屬着。（我們必不可忘記流氓無產階級的主要目的是求自利，而由國庫中括得加利佛尼亞獎金。）有命令，無命令，或不管命令，他鞏固了他爲"十二月十日會"領袖的地位。

這個人的使命中的這種矛盾說明他的政府裏的矛盾，這說明爲什麼他的政府反覆地一會想勝過某

第六章

一階級,一會却又想侮辱某一階級,而結果是各階級共同反對牠自己,所以政府的真正不穩乃成為對牠的權威的調子與專恣的方式之可笑的對照。這是外甥細心的倣效着舅父所做的。

工業與商業,中等階級的正經事務,在這樣"強有力政府"之下,就如像在溫室中會茂盛起來。無數的鐵路建築權是批准了的。但是波拉帕特派的遊民無產階級是要置備自己的產業的。那些熟悉商情的人就將這些鐵路建築權在債券交易所中弄着詭詐。却沒有招着建築鐵路的資本。"法國銀行"應當撥款充作鐵路股份。同時,錢只有從銀行取得,因之非要去欺騙銀行不可。銀行就可以放棄發表每週報告的職責。政府與銀行互相默契,政府就擔負那損失的最大部分。平民必需與以工作。國營事業應該擴充。國營事業必要經費,如是就要加賦稅。賦稅可以不加,就給公債票票權人以一打擊,將國債的利益由百分之五減至百分之四又二分之一。為回敬這一點,中產階級也必需得點便宜。我們就來將那些零買酒吃的下等階級所吃的酒稅加倍,而將那些躉買酒吃的中

— 181 —

等階級所吃的酒稅減半。眞正的勞工組織是要解散的，但是又要保證勞工組織後日之能作出奇蹟。農民是要援手的。我們就設立押款銀行，這種銀行是會加增農民債務負担而加速資產之集中的。但是這種銀行一定特別要由歐耳林王室之被沒收的產業中壓榨錢財才行。這最後的所述的，而命令中未明述的辦法是不能得資本家的資助者。其結果是押款銀行只在紙上有過。如此等類，不及細叙。

波拉帕特很想自處爲一切階級的族長式的施惠者。但是他不能帮助某一階級而不損害別的階級。在佛郎德時代，據說蓋斯公爵（Guise 註一二二）是法國國內最可感激的一人，因爲他將他的所有的一切都變成他的黨羽對他個人的感激。同樣，波拉帕特也很願意爲法國國中最可感激的一人，而很喜歡將法國一切的財產和一切勞動力都變成對他個的感激。他很想偸竊法國的全體而以其贓物爲禮物送給法國，或者，更確當的說，是要用法國的錢再來收買法國——因爲站在『十二月十日會』領袖的身分，他是被迫着去收買那應屬於他的一切國家機關——元老院，樞

— 182 —

第六章

密院,立法機關,榮譽團,兵士的勳章,公浴池,公共盥洗室,國家建築物,鐵路,國防軍的總參謀團,以至歐耳林王室的被沒收的產業——這一切都要將之變爲一個"買賣公所"。軍隊中以及政府機關中每個位置都要成爲一個賺錢工具。這種辦法,由此法國就被霸佔着以備奉還牠自己的,其中最要之點是"十二月十日會"首領及其會員所賺得的重利。伯爵夫人,即莫爾利公爵的夫人,聰明地說着歐耳林王室產業之沒收爲"鷹的第一次飛騰"註一二三 這句聰明話實可應用之於這個鷹的一切飛騰,這個鷹,實際上,是更像一個老鴉些。和那傅說着的,勸戒了那驕眩他所想靠以多年活命的錢財的守財奴的那位袈爾多散教團的教徒一樣,波拉帕特和他的扈從們對他們自己說:"你現在數着你的錢財,但是你會弄得更好些,若是先數你的年歲。"去數記年歲,他們還怕弄錯誤了,所以他們數着分秒。在朝廷上,在內閣裏,在政府及軍隊的上級機關裏,我們看見一羣傢伙,他們,說句最恭維的話,是無人知其所由來。他們成爲一個喧擾的,可鄙的烏合之衆,時刻是想搶奪的。穿着那飾以金邊的華美制服時，他們就像沙羅克皇帝（Emperor Soulougue 註一二四）的尊嚴一樣光怪陸離。這般十二月十日會的上層份子旣認克路菲爾（Crevel 註一二五）爲他們的道德家，又認克撒尼克（Cassagnac 註一二六）爲他們的思想家，讀者必能想像得出來他們是怎樣的一個樣子。基佐，在他爲內閣總理時，曾經任用克撒尼克爲一個小報的編輯，想利用之以反抗君主立憲派的反對者的勢力，而且談到他這工具時，總是習慣着說"他是滑稽大王"。我們想着路易波拉帕特的朝臣和戚族時，若是我們的思想囘轉到那"攝政"時代或路易十五臨時朝代的人，那我們就弄錯了。我們須記着基若丁夫人的話，距今好久以前，法國曾經由姿婦統治過，但是，以前從不曾由男姿們統治過。

爲他自地位的矛盾的需要所窘迫，逼着如一個魔術家一般去求使民衆認他自己爲拿破崙第一的替身，又逼着每天做一個小的政變，波拉帕特就將全部資產階級經濟弄紊亂了，將褻瀆了的手放到一八四八年革命所視爲神聖的一切，使某一些人相信了革命而別一些渴想着革命，又以秩序的名義產生着無政府狀態。由他所做的事，國家機關失去了一切尊嚴，被侮蔑了，而成為可厭的與滑稽的了。"特拉維斯的聖衣"（Holy Coat of Treves註一二七）的崇拜移到巴黎了。而變成拿破崙皇袍的崇拜。但是，到結局，如果皇袍終竟加到路易波拉帕特的身上，拿破倫的鐵像便會從汎東（Vendome）的圓柱的頂端墜落下來。

年　表

這個年表是敘述自一七八九年法國大革命開始，至一七八一年三次共和國政府顛覆巴黎公社這八十年期間的法國政治史的重要事件。馬克斯的"法國二月十八日政變記"僅是討論二次共和國時代，卽是從一八四八年二月尾，至一八五一年十二月事變。但是讀者要了解馬克斯所討論及的這四年的情形，最好是先了解這四年的歷史的背景，因爲這是補充說明資產階級革命與工人階級運動的關係。約有二十餘年——第一次共和國的全時期的最大部分——都通用法國革命曆（或稱共和曆）。如果用羅馬曆

(Gregorian Calender)來敘述這個時期，就更便利了。只有幾個特別重要的日子，就是現在還是因革命的名稱通常使用於法國，這幾天是革命歷的專門術語。例如：羅布斯比失敗的那天稱爲新十一月（Thermidor）九日；拿破崙第一政變的那天稱爲新二月十八日。在這裏概略的談到共和歷，是便於了解的緣故。雖然這個歷的使用到一七九三年十月五日。還沒有成法律，但是牠在學術上被假定從一七九二年九月二日開始使用，這天是共和國宣布成立的一天，卽是新歷中的秋分（Autumn alequinox）日。共和歷曾經想改爲十進法，就是一月的三十日分爲三組，每組十天有一個休息日。在先，甚至一天也以十進法來劃分，但是實際上二十四小時劃分法始終不能轉變過來。共十二月，每月三十日，每年三百六十日，留着五天不在計算內，這五天成爲公共的假期。自然在閏年六天"附加日"（Extra Days），而這六天中的最後的一天就是舉行慶祝的一個特別的革命節日。月分的新名稱是依天氣和每季的過程而定的，首先是秋分時。玆列舉如下。

— 187 —

秋季 　　　　　　　　　　　即陽歷

Vendemiaire　葡萄月　（一月）　九月二十二日

Brumaire　　霧　月　（二月）　十月二十二日

Fumaire　　　霜　月　（三月）　十一月二十一日

冬季

Nivose　　　雪　月　（四月）　十二月二十一日

Pluviose　　雨　月　（五月）　一月二十日

Ventose　　風　月　（六月）　二月十九日

春季

Germinal　　種子月　（七月）　三月二十一日

Floveal　　　花　月　（八月）　四月二十日

Prairial　　　牧　月　（九月）　五月二十日

夏季

Messidor　　收獲月　（十月）　六月十九日

Thermidor　熱　月　（十一月）七月十九日

Fructidor　　果　月　（十二月）八月十八日

＊　　＊　　＊　　＊

法國大革命
—一七八九年至一七九四年—

一七八九年

五月五日——三級會議(States-general)開會。路易十八與議會間的鬥爭。國王封閉議會以排除第三級——平民(Commoners)，第三級開會於網球場；又於六月二十日至君主的憲法構成時，鄭重的宣誓不分離。

六月十七日——三級會議採用國民會議名稱

六月二十三日——國王要求國民會議解散。第三級不允。軍隊乘機不受壓迫議會之命令。低級貴族和低級僧侶在這次抗議中與第三級聯合。

六月二十七日——路易十八讓步，而承認國民會議；以是，認可政治的革命。

七月十四日——巴黎市民占領巴斯地爾(Bastille)監獄，保護國民會議。

八月四日 農奴之解放。

十月二日——人及公民的權利的宣言發表

一七九一年十月一日——一七九二年九月二十日立法會議的會期。

一七九二年

　　九月二十日——立法會議之解散與憲法會議之召集。

　　九月二十一日至一七九五年十月二十六日（新二月四日），國民會議期(National Covention)。

一七九三年

　　四月六日　第一次公安委員在鄧吞領導之下成立。

一七九四年

　　七月十日——鄧吞被殺於斷頭臺。

　　六月十日至七月二十七日——羅布斯比支配第二次公安委員會。

　　七月二十七日——羅布斯比失敗。

五　執政內閣及資產階級共和國之統治

——　一七九五年至一七九九年　——

一七九九年十一月九日（新二月十八日）——拿破崙之政變及五執政內閣之失敗。

拿破崙之統治

— 一七九九年至一八一五年 —

一七九九年九月十一日至一八〇四年五月十八日
——執政時代。拿破崙任第一執政官。後任終身執政官。

一八〇四年五月十八日至一八一四年四月六日——拿破崙稱帝。

一八一二年—— 一八一四年

拿破崙之遠征俄國。他從俄國和德國之退囘。征伐西班牙之失敗。

一八一四年

四月十一日 —— 巴黎條約後拿破崙於佛特布魯退位。

一八一五年

三月一日至七月三日 —— 百日戰爭。滑鐵鑪之戰。拿破崙被囚於海倫拉島，而至一八二一年死於該島。

王政復古時代

—— 一八一四年至一八三〇年 ——

一八一四年四月至一八二四年九月十六日　波耳布王族之路易十八稱法王，止於百日戰爭發生，他逃亡於堅特(Ghent)時。

一八二四年——一八三〇年

　　查理第十稱王

一八三〇年七月二十七日至二十九日——七月革命。即工人暴動，而獲得放逐波耳布王族的勝利。

七月王朝
—— 一八三〇年至一八四八年 ——

一八三〇年八月七日至一八四八年二月二十四日——歐耳林王族之路易菲力浦稱王。

一八三六年——一八四〇年

　　資產階級社會黨之出現，由聖西門，傅利葉等所領導。在布藍克等領導下之祕密社組織暴動以推翻資產階級。企圖失敗。

一八四七年

　　宴會的煽動——一種主張擴大選舉法的會議

形成宴會的形式。宴會之最後的禁止速成王朝之二月崩潰。產業恐慌。

路易波拉帕特之興亡
—— 一八四八年至一八七〇年 ——

一八四八年

二月二十三日至二十五日——革命。路易菲力浦退位。宣布共和。臨時政府成立。建立失業工人之國家工廠(National Workshop)之議決。

二月二十六日——臨時動員軍之組織，由十五歲至二十歲之青年構成，主要的成分是遊民無產階級。

二月二十八日——勞動問題政府委員會，路易白郎任委員長，開會於盧森堡。

三月二日——每日十時工作制之布告。

三月五日——二十一歲以上之全法國人民無記名的，直接普選法布告。

三月八日——布告廢止國防軍之財產資格之登記；因之，勞動者有了武裝。

三月十六日——國防軍之資產階級部分反臨時

政府之示威運動，臨時政府解散國防軍中之精英中隊。

三月十七日——勞動者之反對的示威運動。

四月十六日——馬爾斯廣場(Champ de Mars)之勞動者示威運動。資產階級之勝利。羅得諾南被稱爲國家的救濟者。

五月四日——國民立憲會議開會。

正月十日——亞拉哥爲委員長之行政委員會之選舉。第一次內閣成立，加汎尼克任陸軍大臣。

五月十五日——擁護波蘭復活之示威運動。勞動者之擁入攻擊國民會議。勞動者之失敗與其領袖之逮捕——布郎克與巴伯士(Barbes)議會內三政黨之成立；一，Reunion du Palais National 由聯合的"純共和主義者"構成，在馬若斯特領導之之下。二，Reunion de la Montagne(山嶽黨)，急進的共和主義者，強度的反對社會主義，在羅得諾南領導之下。三，秩序黨，在巴里基底尼將軍領導之下，種種形式的意見的主黨各派的混合體。

五月二十八日——國民立法會議之選舉。

六月二十一日——發佈強迫驅出國家工場的未婚工人而編成軍隊之布告。

六月二十三日至二十七日——暴動。六月事變。加汎尼克領導軍隊反產業工人。暴動羣衆之被屠殺。頒布戒嚴令。

六月二十八日——加汎尼克任行政之首領。組織新內閣，國家工場之廢止。一切政治的俱樂部與結社之警察監視。社會主義的報紙之被壓迫。暴動者之大羣的受流刑。

八月二十五日——路易白郞與何希德耳之釋放。

九月十七日——路易波拉帕特由五縣選舉爲議會代表。

十一月四日——新憲法公布。

十二月十日——路易波拉帕特當選爲共和國大總統。由白樂組織其第一任內閣。

十二月二十六日——章加里將軍受任巴黎國防

軍之司令及巴黎駐防軍第一師團之司令。

一八四九年

一月六日——越托之解散國民會議之動議。

一月二十九日——政府極力煽動新的暴動，行政權力與國民會議之初次衝突。臨時動員軍之解散。

三月七日至四月二日——五月暴動關係者之裁判。布郎克之十年密室監禁(Solitary Confinement)，餘者判處流刑。

三月二十一日——佛雪(Faucher)之反結社權之法案。政治的俱樂及結社之禁止。

四月十六日——白樂之遠征意大利軍隊之特殊經費之提議

四月三十日——阿底樂將軍之敗北。

五月八日——波拉帕特致書於阿底樂，說明他主張征伐羅馬共和國的目的是恢復羅馬教王政治。羅得諾南之彈劾波拉帕特為征伐羅馬的創始者之提議，被大多數所否決。

五月十三日——新國民立法會議之選舉。秩序黨勝利，"純"共和主義者失敗。新社會民主黨（山嶽黨與社會主義者的集團之混合體）之大成功。

五月二十九日——新選舉之議會之第一次會議，杜賓爲議長。

六月十一日——羅馬之被礮擊。羅得諾南之新提議。

六月十二日——羅得諾南提案之被否決。

六月十三日——白樂之征服羅馬引起巴黎擁護羅馬共和國之恢復之示威運動。章加里之壓迫示威運動。社會民主主義印刷所之被破壞。頒布戒嚴令，

六月十五日——一切社會民主主義的報紙之被禁止。四十名代議士之被檢舉。羅得諾南逃往英國。

六月十九日——宣布政治俱樂部之新法。

七月三日——白樂公開的入羅馬城。

七月二十七日——頒佈新出版法。

八月十二日至十月十日——國民會議休會。選

— 197 —

舉二十五人組織常務委員會，以保護憲法及保全共和國。此委員會為正統派及歐耳派之獨占的組織。

八月十八日——波拉帕特致書於愛底加勒（Edgar Ney），反對羅馬教王政府之反動的傾向內云："羅馬教權之恢復應完成下列的路線。普遍的大赦，行政的通俗化，採用拿破崙法典，進步主義的政府'。

八月至九月——波拉帕特巡視各縣。

十月——通過歐耳林王族之王妃的三十萬法郎優卹費。九百萬羅馬遠征費案之認可。白樂拒絕提出波拉帕特俸金之增加。

十一月一日——白樂之罷免。新內閣之組織：羅伊任司法大臣，佛爾德任財政大臣，杜普任陸軍大臣。

十月十日——至十一月十三日——一八四九年六月十三日——示威運動關係者之裁判。

十二月十三日——懲戒小學教員之開始。

十二月二十日——葡萄酒稅之復活。

一八五〇年

一月十四日——教育大臣提出新教育法案（裴魯）——因此平民教育落到僧侶的掌握中。議會於三月十五日通過。波拉帕特於三月二十七日頒布。

三月十日——補缺選舉。都夫諾，裴德爾等等於巴黎區選出。白若希任內務大臣。伊金蘇(Eugene Sue)之代裴德耳當選。

五月三十一日——新選舉法之起草，普選法之廢止。一種反進步思想的階級手段。

六月八日——逐放法令之規定。

七月十六日——恢復保證金制之新出版法，此保證金為所有者與主筆儲蓄為行為之保障。

八月十一日至十一月十一日——議會休會期。選舉二十五人組織常務委員會，這年其中分子為正統派，歐耳林派，和溫和共和主義者。

八月二十六日——路易菲力浦逝世。歐耳林派往克里蒙皇宮參拜，交涉歐耳林派與波耳布派的請求權的合併問題。同時正統派往偉斯

— 199 —

白發與伊姆斯，欲調和雪波耳伯爵。這個使命因雪波耳的拒絕而失敗。

八月十二月至十一月——路易波拉帕特巡遊全法國，欲以演說引起國民修正憲法的心理——因是他的總統任期得以延長。他在聖謨爾與撒多里檢閱軍隊。

十一月二十日——章加里，對軍隊發佈禁止他們在武裝時呼出政治口號，和作任何示威運動的命令。希遠蒙繼杜普耳任陸軍大臣。

十一月十二日——波拉帕特致書於國民會議。

十二月——司法大臣以債務的理由逮捕莫幹。國民會議以其議員未得議會的認可而被逮捕因而憤怒。莫幹之被釋放。國民會議的警察長楊因之免職。

一八五一年

一〇十日——擁護波拉帕持者組織新內閣。

一〇十二日——章加里之免職。

一〇十八日——內閣不信任案。

四〇十日——反議會的內閣之組織。

— 200 —

六月一日——波拉帕特在登約（dijon）之攻擊國民會議演說。

八月十日至十月一十日——國民會議休會期。

十月二十六日——脫立里內閣之組織 聖亞多將軍任陸軍大臣。

十一月四日——波拉帕特之要求普選權的恢復。

十一月十七日——國民會議財務官要求國民會議發布議會在受攻擊時有調動軍隊保護之權利之布告，張貼於軍營中，這個提議被否決。

十二月二日至二十一日——十二月二日的政變。十二月事變。路易波拉帕特解散議會，恢復普選法。逮捕一切政黨的領袖，召集新議會延長他的十年總統任期。民眾投票，以極大多的票數贊成波拉帕特再任總統而承認這次政變。

一八五二年

一月十四日——修正的憲法。

十一月二十一日——民眾的投票，以七百八十二萬四千一百八十九票贊成世襲帝國的復活。

十二月二日——波拉帕特波選爲皇帝，號稱拿破崙第三。

一八七〇年

九月四日——拿破崙第三之顚覆。第三次共和國，起於拿破崙第三顚覆日，雖然在一八七一年二月十三日國民會議開會於波耳都以前沒有建立。

一八七一年

三月十八日——巴黎公社宣布成立。

三月二十八日——巴黎被攻陷。兩萬至三萬的男女被槍殺街市中。公社被解散，資產階級共和國權力之統一

註　釋

註一：　溫德默伊——馬克思朋友之一。曾參加一八四八年至一八四九年之德國革命運動。一八五一年,移居美國。當美國南北戰爭時，他是關心於北方人的,而為 St. Louis 地方的軍隊司令。死於一八六六年。

註二：　囂俄——法國詩家,小說家,和政治家。政變後被放逐。他討論波拉帕特的兩種名著是：Napoleon le petit 及 Histoire d'un crime。(生於一八二〇年,死於一八八五年。)

註三： 蒲魯東——（1809——1865）法國政論家及經濟學家。小資產階級社會主義的最著名的典型人物。馬克思在序言中所說他的那本著作的全名稱爲：Revolution Sociate demontree par le conp d'etat。他這本書的出版是得了路易波拉帕特的特別許可的。

註四： 加越士（1810——1865）——法國軍人。陸軍上校，軍事歷史家，共和主義者。一八五一年十二月二日政變後被放逐。

註五： 希西門底（1773——1842）——法國歷史學家兼濟經學家。

註六： 原文爲：The Rome proletariat lived at the expense of society, whereas modern society lives at the expense of prolelariat.

註七： 赫格爾（1770—1831）——近代德國最有聲譽的哲學之一。馬克斯和昂克思在青年時代，他的影響是到了高度的，而他們兩人的知識的結構的某種原素都得之於赫克爾。

註八： 柯希德耳（1808——1861）——曾參加

—— 204 ——

一八三四年里昂革命。一八四八年二月革命後，任巴黎警察總監。

註九： 鄧吞(1759 — 1794)— 法國大革命時最有聲譽者之一。曾任司法大臣。死於斷頭台。

註十： 路易白郎(1811 — 1882)— 法國社會主義者，歷史學家，政治家。一八四八年臨時政府要員之一。

註十一： 羅布斯比(1758 — 1794)—法國大革命時，雅各賓黨（卽山嶽黨）之領袖。死於斷頭台。

註十二： 山嶽黨——在法國大革命中，雅各賓黨在國民會議占最高位置，因之他們這派綽號為山嶽黨。一八五〇年中，這個名稱以革命的含義在國民會議中被社會民主黨所採用。

註十三： 路易波拉帕特(1808——1873)——加爾，路易，拿破崙，拉波帕特(Charles Louis Napolean Bonaparte)是他的姓名的全部。他是路易波拉帕特(1806——1810荷蘭國王)和Hortense de Beauharnais 的第三個兒子。所以路易波拉帕特是拿破崙

— 205 —

帝王第一的外甥和後來孫。他有一種固定的思想，就是追隨他的舅父拿破崙第一的後塵乃是他的使命。一八三六年十月三十日，在路易菲力蒲王朝時代，他曾煽動斯坦斯堡的駐軍起來叛變。(這就是馬克斯所說的斯坦斯堡事件 Strasburg Affair)。因此，他曾被逮捕而放逐。次年他的"拿破崙思想"出版。一八四〇年八月六日，他又企圖煽動叛亂。這就是本書中所說的"布倫襲擊"(Boulogne raid)。這次大失敗後，他又被逮捕，審判於巴黎，而判決終身監禁於一個要塞中。一八四六年五月，他逃出汗姆要塞，而往倫敦。到了二月革命(一八四八年)，他才囘巴黎而要求在臨時政府任職。這個要求失敗了。於是他仍囘倫敦。在四月中，倫敦的統治階級爲普選運動所驚恐時，波拉帕特自已宣誓爲註册於保護"法律與序秩"的十七萬特別保安軍官之一。一八四八年六月，他被四縣選爲立憲會議代議士，同時立憲會議承認了他的當選。他辭去了這個位職，但是在九月又被那四縣所選舉。十月中，放逐波拉帕特家族的法律被取消了，於是他就了他的議席。一八四八年十二月十日，他以五四三四二二六票對加汎尼克將軍之一四四八一〇七票而當選總統。從這天起至一八五一年十二月二日政變,他的經歷在本書中已完全說到了,一年之後,即一八五二年十二月二日,他成了法國的皇帝,兩星期後差不多有八百萬的法國人民都投票贊成帝國之恢復。他號稱拿破崙第三。(他的表兄,拿破崙之獨生子,幼即夭亡,依照波拉帕特家族之譜系,乃是拿破崙第二。)路易波拉帕特稱帝約有十八年。在一八七〇年戰爭之前數星期,他的地位為七三五八七八六票對一五七一九三九票之人民投票而更行鞏固,但是在普法戰爭中法軍的失敗使帝國威信掃地。一八七〇年九月二日,他與八萬軍隊一齊投降於德國,後二日帝位即顛覆。當德國釋放他時,他便囘到英國,而於一八七三年一月九日,死於 Chislehurst。

註十四: 德摩南(1760——1794)——法國大革命時之新聞記者和雅各賓黨之領袖。曾領導攻擊過巴斯底監獄,鄧吞之友。與鄧吞同日死於斷頭台。

註十五: 聖耶斯特(1767——1794)——法國大革命中次於羅布斯比的雅各賓黨最著名的領袖。

與羅布斯比同死於斷頭台。

註十六： 拿破崙第一，號稱"大帝"（1769——1821）——法國大革命末期之法軍總司令。以新曆二月十八日之政變推翻了執政內閣。於是任第一執政一直到一八〇四年，後卽稱帝。一八一四年被迫而退位。一八一五年，有一個短時期恢復權威（所謂百日帝政）。滑鐵鑪戰敗後，被英國囚於海倫拉島（St. Helena），而死於此島。

註十七： 雅各賓黨——法國大革命時國民會議中最進步的政黨。參看註十二。

註十八： 布魯特士（世紀前86——44）——謀殺凱撒（Tulfus Cacsar）領袖之一。全名為 Marcus Junius Brutus。

又一——傳說為某時之人物。稱為世紀前數百年，推翻古代羅馬王國的 建立共和政體的 革命的領袖。全名為 Lucius Julius Brutus。

註十九： 格南克思——有兩兄弟，是世紀前一百餘年的人物，都任古羅馬的人民的護民官。長兄是被貴族派所謀殺；其弟，在要被謀殺時，是被弄成奴隸而殺了的。

註二十： 卜布里柯拉——有兩個羅馬人都是這名姓,父與子,都是世紀前第一世紀時人。父親是一個將軍又是著名的演說家。其子是參加謀殺凱撒者之一。

註二一： 凱撒(世紀前100——44)——羅馬將軍。曾戰勝高爾國。古代羅馬共和國末朝之執政者。被布魯特士及別的人所謀殺。以後羅馬帝王通稱爲"凱撒"。

註二二： 塞(1767——1862)——法國經濟學家,自由貿易的擁護者。

註二三： 柯勝(1792——1867)——法國哲學家、折衷哲學派之領袖。曾著"眞善美"一書。

註二四： 基佐(1787——1874)——法國政治家,歷史家。路易菲力蒲王朝時保守派之領袖,任內閣總理,直至二月革命。

註二五： 路易十八(1755——1824)——王政復古後,一八一四年爲法王。

註二六： 克倫威爾(1599——1658)——英國

王位空缺時(一六五三年――一六五八年)之護國攝政者。

註二七： 洛克(1632――1704)――英國唯理主義哲學家。

註二八： 霍布古克――世紀前七百年之希伯來預言家。

註二九： 意思就是一個時髦的共和主義者。黃色手套在人們帶著時是極易引人注目的，所以被稱為是帶刺戟性的！

註三〇： 馬若思特(1801――1852)――法國政論家兼政治家。"國民"報之主筆。國民會議之議長。

註三一： 伯伊(1736――1793)――法國天文家，立憲會議議長。巴斯底監獄攻下後，任巴黎市長。恐怖時期死於斷頭臺。

註三二： 政變――新歷二月十八日拿破崙第一之推翻執政內閣，與一八五二年十二月二日路易波拉帕特之解散國民會議，都稱為政變。本書中所用的這個名詞而無形容詞的，都是指一八五一年十二月二日之政變。

註三三： 原文為：

Hic Rhodus, hic salta!

Here is the Rose; dance here!

第一句是引用伊索寓言中,一個自誇者,他說他曾在羅特斯(Rhodus)跳躍過。後一句不是一個翻譯,而是一個改作,一個雙關諧語。希臘文 Rhodus 意思是"薔薇"。

註三四： 亞非利加之英雄——指在 Algeria 得名之將軍們,如章加里,加汎尼克,拉摩黎西及彼堵等。

註三五： 在本書中討論的這個時期巴黎有兩個國民會議。第一個的全名稱是國民立憲會議,其作用是起草憲法,所以通常呼為立憲會議。繼續這個會議的就是國民立法會議,通稱為國民會議。然而,有時分別的稱為立法會議。在這個時期在法國只有一院政治,就是沒有上院。

註三六： 路易菲力蒲(1773——1850)——七月革命後,於一八三〇年為法王。一八四八年被二月

— 211 —

革命推翻。常稱爲"資產階級之王"。

註三七： 王黨反對派 —— 是馬克思對君主立憲派所用的一個名稱。他們擁護波耳布王族之長房的要求,而反對歐耳林派—— 幼房。

註三八： 國防軍 —— 是緊急時期召集之城市住民的軍事組織,初只爲其所屬城市而服役。馬克思在本書中所說的"資產階級國防軍"及"無產階級國防軍"或"勞動階級國防軍",其意義不是這個軍隊各自的分隊。而是從勞動階級區域組織之國防軍必是主要的包含着手工業工人,從富裕區域組織的必然大部分包含中等及上等階級的人民。所以,在階級鬥爭中他們必然站在各自的方面。(在這個組合體中我們一定要記着的就是國防軍的人員曾選舉了他們自己的長官!)還有一個要點,就是在一八四八年三月八日,臨時政府取消了登記國防軍的財產資格。但是,精英隊伍,挑選的帶熊皮帽的兵士,輕步隊等等差不多都爲富人所獨占。在七月王朝統治之下,這些皮帽兵都是帶的高聳的熊皮帽的。二月革命之後,臨時政府命令解散精英隊伍。因此引起一八四八年

— 212 —

三月十六日帶熊皮帽部分的隊伍的無效力的反對示威運動。這些事件在階級鬥爭中都是著名的事件。在本書中馬克思指示了巴黎國防軍是很重要的。在一八七一年，使巴黎公社建立起來的叛變的直接原因，就是德爾士政府想解除國防軍的武裝。當"秩序之軍"已經勝利了的時候，國防軍便決定的受壓迫了。

註三九： 七月王朝——在一八三〇年七月中，巴黎人民起來革命，反抗查理第十。波耳布王族長子被驅逐，而路易菲力普（幼子，或稱歐耳林支派）成了"法國人的王"，而非"法國的王"他的統治稱爲"七月王朝"。

註四十： 二月事變（卽二月革命）——一八四八年二月二十二，二十三，與二十四日，在這三日中，因爲巴黎的革命運動，路易菲力蒲才被推倒了而宣布共和。

註四一： 布藍克（1811——1873）——十九世紀法國最著名的革命的社會主義者之一。晚年大部分的時都在度他的鐵窗生活。

註四二： 六月事變（卽六月暴動）——一八四

八年六月二十三至二十七日巴黎勞動者的行動。暴動的原因就是無產階級覺悟到二月革命之果實為資產階級所欺騙。這次暴動被加汎尼克以大屠殺所壓迫。（參看年表）

　　註四三：　秩序黨——王黨的聯盟，包含大地主（君主立憲派），與金融貴族及重要的工業家（歐耳林派）。

　　註四四：　特溫諾里的 The Pavillon de Flore 是路易十八的居所。（參看註一〇九）

　　註四五：　"社會的救星"——路易波拉帕特裝出社會的救星的樣子，或許眞實的自信在努力於這種名譽。這個名稱是許多人——有時是嘲笑，有時是眞摯——送給他的。

　　註四六：　歐耳林王族——卽指歐耳林公爵夫人。名為 Helen Louis Elezabeth of Mecklenburg-Schwerin。她嫁與歐耳林公爵，卽路易菲力浦之長子。她的丈夫於一八四二年在柳里地方突於車中被刺。她的長子就是巴黎伯爵。

　　註四七：　羅得諾南（1807——1874）——法國

律師兼政治家。為普選法而行動的工作者。

註四八： 加汎尼克（1808——1861）——法國將軍，一八四八年政府之領袖，這年六月暴動的屠殺慘案的主動者，與波拉帕特爭總統選舉而失敗。

註四九： 愛起里斯——Trojan 之役之希腊領袖之一。依照希腊寓言，他的母親，海之女神媞娣絲，曾經把他放在 Styx 河中洗過而成為不可傷害的身體。但是腳根因她的手拿着在，沒有浸入河中，而留了一個可傷害的地方。

註五〇： 伊里西——在希腊與羅馬的神話中，這是有道德的死者魂靈的居所。馬克思在此處之用這個名詞，是間接的指出法蘭西共和國大總統是居在伊里西王宮（Elysee palace）。

註五一： 苦杜泰德——在這裏意思是有計劃的政變的成功。

註五二： 苦杜雅坡——一個感情的點頭的表示。

註五三： 白拉爾——法國軍人。軍法處處長，曾在六月事變後，命令放逐一萬五千的暴動者。

註五四： 君主立憲派——通常譯爲正統派。參看註三七，三九，四三，五六各條。

註五五： 歐耳林派——擁護波耳布王族之幼子之要求的黨派。

註五六： 波耳布——從一五八九年亨利第四卽位至一八四八年路易菲力浦王位顛覆的族名。除路易菲力浦而外，都屬於這族的長房。路易菲力浦屬於幼房，稱爲波耳布的歐耳林族。

註五七： 白樂（1791——1873）——法國律師兼政治家。當七月王朝時，爲王黨反對派之領袖。路易波拉帕特當選總統後做了一個時期的內閣總理。

註五八： 羅馬共和國——一八四八年，羅馬還在教皇政治支配之下。其權力因當年的革命騷動而衰弱。十一月十五日，曾被召組閣之羅西（Rossi）被暗殺。教皇於驚駭中逃出。一八四九年二月五日，宣布共和。這就是短期的羅馬共和國——被法國所顛覆。

註五九： 章加里（1793——1877）——法國將軍兼政治家。歐耳林派。國民會議的議員。一八五一年十二月二日政變後被放逐。於一八七〇年之役回國。

註六十："蒙利特"報——巴黎的一種日報。八十餘年來都是法國政府的機關報——雖然政府的形式有好多變遷！馬克思所說的波拉帕特的"小蒙利特"，是指波拉帕特嫡派的一種小報。

註六一："自覺的刺刀"——Intelligent bayonets 意思是為自己着想的士兵，覺悟的士兵。

註六二：拉夫樂（1804——1887）——法國將軍兼外交家。國民會議的財政官。政變後被放逐。

註六三：聖亞爾拉（1801——1854）——法國政治家。一八四八年至一八五一年之國民會議的議員。

註六四：古羅馬元老院議官之通常稱號。每個議官於其演說時首先便說這句話。馬克思實際上是說王黨把共和國放在他們的卵翼之下。

註六五：佛郎德——"Fronde"是路易十四幼年時期法國內戰之綽號。是一個小戰爭。這個字的意思是用繫着石頭以打架的皮帶，就在這時，巴黎的街市兒童都愛頑這種皮帶。而警察欲制止之。那些街市兒童，以其長距離的武器和其活潑的小腿，給警察以一個忙亂的時期。所以此字所暗示的是這時的內戰比之警察與街市兒童的爭鬥稍微重要一點。

註六六：　所謂白樂斐魯內閣就是以他們二人為領袖而組織之內閣。

註六七：　彼得溪拉美爾——是 Chamisso 的小說中之一英雄名。他把他的身影賣給了鬼。

註六八：　弗利金的帽子——赤色的"自由之帽"。是一種尖頂帽子，兩邊也是尖的而蓋着兩耳。古代的弗利金人都帶着這種帽子。後來，在古代羅馬國中，這種帽子是給予變成自由民的奴隸帶的。當法國大革命時，赤色弗利金帽成了自由的象徵。

註六九：　拉莫黎西（1806——1865）——法國將軍兼政治家，有名於北亞非利加的功績。政變後被放逐。

註七十：　彼塔（1804——1863）——法國將軍兼政治家，著名於亞非利加的功績。一八四八年之革命時，秩序的戰士們認為他的壓迫工作是落後的。政變後被逐放。

註七一： 伊姆———一個溫泉名。秦波耳伯爵曾於一八四〇年夏季在此住了數星期，因為他的夫人受醫命要在這溫泉治病。所以馬克思說及此地。

註七二： 克拉越門——英國 Surrey 地方的一王宮。一八四八年路易菲力浦逃往英國時居住於此，一直到一八五〇年八月二十六日他死於此。

註七三： 德爾士(1797——1877)——律師,新聞記者,歷史家,兼政治家。一八三〇年創辦"國民"報。在路易菲力浦王朝之下,任職甚多,又為內閣總理。二月革命後,為歐耳林派之領袖。一八七一年,為共和國總統,特別著名於壓迫巴黎公社的工作。

註七四： 班易(1790——1868)——法國律師,政治家,著名演說家。君主立憲派之領袖。參看註七五。

註七五： 享利第五(1820——1883)——這是君主立憲派給與秦波耳伯爵的稱號——雖然他沒有做法國之王。他是波耳布王室之長房的最後遺族。

註七六： 飛越——法國軍人。國防軍司令。政變中波拉帕特主要工具之一。

註七七： 阿斯特里——摩拉維亞(Moravia)之一小城，拿破崙曾於一八〇五年十二月二日敗俄奧聯軍於此。

註七八： "草人"——在法國，依照法律，一個報紙必要有一個"法定的責任記者"——他與實際活動的記者極不相同！有一個故事，就是在國家多事的時候，有一個人造訪某在野黨的報紙，他到甲記者的私室，說明他的來意。這時甲記者道："啊，關於那事你頂好去訪問乙君。你知道的，我只是監獄中的記者；雖然當局者剛才偶然的給了我一個休息日。"

註七九： 愛底加尼——法國軍人。其父為拿破崙第一之最著名將軍之一。他是拿破崙第三的一個將軍。

佛爾德（1800——1867）——一個法國的猶太人。政治家，財政家。巴黎 Fould-Oppenheim 銀行行長。

註八十： 加爾里（1799——1858）——法國政治家。波拉帕特派。波拉帕特任總統時之巴黎警察總監。

註八一： 都夫諾特——一八四八年六月暴動者之一。後爲議會議員。

註八二： 布樂伊（公爵）——法國政治家。歐耳林派。

註八三： 蒙勒（1781——1855）——法國政治家。路易菲力浦王朝之內閣總理。

註八四： 城主——中世紀德國城市之世襲的軍事領袖。Les burgraves（城主）是囂俄的著名的戲劇的名稱。自這本戲劇出現之後，這個名稱成了普遍的，而應用到那些泥古的典型守舊者。尤其是，在這時期的歐耳林派及君主立憲派的領袖們，馬克思送給他們這個"城主"的綽號。

註八五： 白若希（1802——1870）——檢察官。波拉帕特任總統時之內務大臣。後爲其帝政時閣員之一。

註八六： 幅雪（1804——1854）——一八四八年革命之後，任建築大臣，後又任內務大臣。國民會議曾於一八四九年以他的這年的電報陰謀投過不信任票。

註八七："十二月十日會"——路易波拉帕特於一八四八年十二月十日當選爲共和國總統；這個會就以這個月日爲名。表面上是一種慈善的組織，實際上是一種法西斯運動的初形，但是環境使波拉帕特能以別種方法攫取了政權。

又：臨時動員軍——法國政府在非常緊急時期特別組織之一種軍隊，如在一八三〇年（七月革命），一八四八年（二月革命），與一八七〇——七一年（普法戰爭，第二次帝國之顛覆，與巴黎公社之出現等）。但是不要與國防軍的組織混淆了。

註八八：杜萍（1783——1867）——法國律師彙政治家。在先爲歐耳林派，後爲共和派，最後爲波拉帕特派。

註八九：亞力山大（世紀前356——323）——Macedon 之王，通稱爲亞力山大大帝。著名於征服小亞細亞，波斯等等。

註九十：白克斯——依照古代神話，白克斯，葡萄酒神，在亞細亞漫遊數年，敎導各國居民的葡萄的種植和別的文明事業。

註九一：李墨伊——法國將軍。第一師團的司令。章加里的參謀長。

註九二："伊里西之女"——暗指路易波拉帕特伊里西王宮的居所。參看註五十。大概也間接的諷示"快樂之女"爲一個娼妓，諷示獎芬是一個娼妓式的事體。

註九三：曼達藍伯（1810——1870）政論家兼政治家。天主教黨之領袖。主張法國干涉革命的羅馬共和國。

註九四：拉馬丁（1790——1869）——一個著名的法國文學家。他的政治生活是從一八三四年至一八五一年。

註九五：比諾（1805——1863）——法國律師兼政治家。政變後，爲國民會議的議長。

註九六：沃底麥里（1789——1860）——法國律師兼政治家。

註九七：波瓦德基（1796——1880）——法國財政家兼政治家。傾向於君主立憲派。

註九八：墨菲爾——法國政治家。歐耳林派。

註九九： 帕希尼（1808——1872）　波拉帕特派。協同政變主要者之一。

註一百： 亞基西來士——亞基西來士第二，斯巴達之王。亞基士第一(Agis 1)之弟，他於世紀前四〇一年繼亞基士第一而爲國王。馬克思在這裏所說的那個故事找不着。大概他錯記到 The Deipnosophits or the Banquet of the Learned 書中的十四篇第七章的 Athenaeus 的故事罷：

"埃及王塔綽斯(Tachaos)嘲笑着那來見他的同盟者勒斯得蒙之王亞基西來士（因爲他是一個很倭的人），而後來失去了自己的王位——當亞基亞來士與他解除了盟約的時候。塔綽斯就說着下面的話：

這匹大山是在努力中；鳩必特(Jupiter)

劇烈地驚懼着：看呵！一個老鼠產生了。

亞基西來士聽見了這話，是氣憤着的。他說道：'我將表明一個獅子給你看'。所以後來，當埃及人叛亂的時候，……亞基西來士拒絕與他的聯盟，因此，塔綽斯失去了他的王位。"——埃基士並沒有做這種事情。

註一〇一： 埃基士——埃基士第一，約任世紀前四二七年至四〇年之斯巴達王。亞基西來士第二之兄。參看註一百。

註一〇二： 巴黎伯爵（1858——1894）——生於巴黎，路易菲力浦王之孫。（參看歐耳林王族之註）歐耳林派之預定之法國王。

註一〇三： 塞爾汎底（1795——1856）——法國政治家兼著作家。路易菲力浦王朝時之教育大臣。

註一〇四： 聖普利士（1805——1851）——法國著作家兼外交家。君主立憲派。

註一〇五： 七月革命——七月王朝因之建立的革命。

註一〇六： 杜卡特爾——法國政治家。路易菲力浦王朝時代任內務大臣。

註一〇七： 姜爾菲太子（1818——1900）——路易菲力浦之第三子。法國海軍總司令。

註一〇八： 貝芝（1800——1881）——法國政治家。國民會議財政官之一。

註一〇九： 馬爾山——其全名稱爲 Pavillon de Marsan。這是到特溫諾里花園路上的一個大方形屋。許久以來就被毀壞了的。本書所指的就是王政復大時代的陰謀。在路易十八朝代，亞托士伯爵（Count of Artis）曾住在這裏。他們弟兄輩各不相能。菲勒與波里依克是敵對派別中之主要者。

註一一〇： 拉諾西思可倫（1805——1867）——法國政治家。一個有力的君主立憲派。政變後，與波拉帕特調和，而爲元老院議員。最著明於擁護僧侶權的演說家兼慈善家。

註一一一： 托克斐爾（1805——1859）——法國政論家，歷史家，政治家。

註一一二： 麥格南（1791——1865）——法國將軍。波拉帕特派。政變時之主要參加者。一八四九年中，他壓迫了里昂暴動的工人階級。所以馬克思諷稱他爲"里昂的勝利者"。

註一一三： 十二月事變——一八五一年十二月二日至四日，即波拉帕特政變乃至以後的兩天。馬克思之呼麥格南將軍爲"十二月事變之英雄"，他是

注 釋

在豫祝他。

註一一四： 聖巴夫（1819   1855） 法國將軍。一八四八年至一八五一年十二月之國民會議議員。

註一一五： 布利丹（約1297——1358）——法國唯理派哲學。驢的寓言（布利丹之驢），餓死於等距離的和同樣可愛的兩束乾草間的選擇問題，這或許是布利丹的反對者捏造出來以嘲笑他的學說的。——（譯者按外國人以驢罵人尤如我們罵人是猪。）

註一一六： 墨撒里羅（1622——1647）—— Tommass Amello 之變名，他是一個意大利的漁夫，曾領導過民衆對西班牙的 Naples 的統治的叛亂。

註一一七： 新歷二月——法國革命歷書中之秋季月份之一。第八年的新二月十八日（一七九九年十一月九日），就是拿破崙第一，從埃及囘國，强力的解散執政內閣之日。

註一一八： 聖奧撒里斯（約354——450）——Theodosius 大帝家族之保護人。從三七八年至三九五年爲東羅馬帝國之王。後來爲埃及之隱士。作有許多警語，為其朋友所收集的，而以 Apophthegms 名稱出版。

註一一九： 色爾斯 -- Homer 著之 Odyssey 之一個女巫，他把人變成野獸。

註一二〇： 拿破崙法典 -- 法國民法典，一八〇三年三月三十一日頒佈。

註一二一： 希芬山 — 法南之山地。這個地方的基督新教的農民，當一六八五年路易十四取消了他們的行教權時，曾起來革命。馬克思以他們代表革命的農民。

又： 康士坦士 -- 舊時 Baden 大公國之一城市。一四一四年至一四八八年，在這裏曾舉行康士坦士慶祝會，一種羅馬天主教會的會議。其主要的目的在取消"大東教派"，而使三個教皇同時存在。

註一二二： 芬地 —— 法國西方急進的天主教區域的農民，曾於一七八三年作反革命運動以擁護僧侶與貴族。馬克思以他們代表反動的農民。

又： 蓋斯（1550——1588）—— 第三蓋斯公爵。天主教同盟之領袖，巴黎暴徒之寵物，希望為法王。

受享利王第三的煽動而被謀殺。

註一二三："鷹"就是帝國的象徵，暗指着路易波拉帕特。

註一二四：沙羅克——Haiti 島的黑奴，一八四九年至一八五九年為這個島的王，稱為法斯丁第一。死於一八六七年。

註一二五：克路菲爾——Balzac 所著之小說 Consine Bette 中之一個人物。克路菲爾是一個富裕的，淫佚的型典巴黎人。這個人物被說為與斐郎（Veron）相似之人，斐郎就是"立憲"報的所有者。

註一二六：克撒尼克（1806——1880）——法國政論家與政治家。

註一二七："特拉維斯之聖衣"——一種聖物保存於特拉維斯禮拜堂中，稱為"未縫的聖衣"。自一五一二年以來，這聖衣的定期展覽會乃是教會的一種收入。一八九一年的展覽會，將近有二百萬的朝拜者。